꿈을 현실로 만드는 미래자서전

My Life

강헌구 지음

한 언 HANEON.COM

꿈을 현실로 만드는 미래자서전, My Life

펴 냄	2004년 8월 1일 1판 1쇄 펴냄 / 2014년 1월 30일 1판 12쇄 펴냄
지은이	강헌구
펴낸이	김철종
펴낸곳	(주)한언
	등록번호 제1−128호 / 등록일자 1983. 9. 30
주 소	서울시 종로구 삼일대로 453(경운동) KAFFE빌딩 2층(우 110−310)
	TEL. 02-723-3114(대) / FAX. 02-701-4449
책임편집	정지영
디자인	백주영
홈페이지	www.haneon.com
e-mail	haneon@haneon.com

저자와의 협의하에 인지 생략

ISBN 89-5596-183-9   03320

ISBN 978-89-5596-183-6   03320

꿈을 현실로 만드는 미래자서전

My Life

여기, 당신의 인생을 비춰줄 등대 하나를 드립니다.
삶이 준 소중한 선물을 꼭 찾으시기를 ….

To

From

꿈을 현실로 만든 사람들

핵심 3%들의 특별한 습관

1953년, 미국의 한 대학에서 졸업반 학생들을 대상으로 한 특별한 조사가 있었습니다. 그 조사는 학교를 졸업하기에 앞서 학생들이 얼마나 확고한 삶의 목표를 가지고 있는지 알아보기 위한 것이었지요.

조사 결과, 67%의 학생들은 아무런 목표도 설정한 적이 없다고 대답했습니다. 30%의 학생들은 목표가 있기는 하지만 그것을 글로 적어 두지는 않았다고 대답했습니다. 오직 3%의 학생들만이 자신의 목표를 글로 적어 두었다고 대답했습니다.

20년 후에 확인한 결과, 학생시절 자신의 목표를 글로 썼던 3%의 졸업생이 축적해 놓은 재산은, 나머지 97%의 졸업생 전부가 축적한 것보다 훨씬 더 많았다고 합니다.

꿈을 이루어 준 낙서 한 줄

공장의 말단 직원으로 근무하던 스콧 애덤스 *Scott Adams* 는 작은 칸막이로 나뉘어 있는 사무실 책상에 앉아서 낙서를 하곤 했습니다. 그는 그곳에다 '나는 신문협회에 단체로 배급되는 만화를 그리는, 유명한 만화 작가 *syndicated cartoonist*가 될 것이다'라는 글귀를 하루에 열다섯 번씩 썼습니다.

비록 그 당시 그의 만화는 신문사들로부터 수도 없이 거절당하고 있었지만, 그는 포기하지 않았습니다. 그는 시련을 참고 또 참아서 결국 스스로 하루에 열다섯 번씩 썼던 글귀를 현실로 만들고야 말았습니다. 그러나 그는 거기에서 멈추지 않았습니다. 만화 '딜버트*Dilbert*'에 대한 신디케이트 계약(각종 신문, 잡지에 작품을 배급하는 계약)에 서명을 한 후부터 그는 예전의 글귀를 '세계 최고의 만화가가 되겠다'로 바꾸었습니다. 그리고 그것역시 하루에 열다섯 번씩 썼습니다.

지금 딜버트 만화는 세계 전역의 2,000개 이상 되는 신문에 실리고 있으며 그의 홈페이지에는 하루 10만 명 이상이 접속하고 있습니다. 이제 세계 어디를 가도 딜버트 캐릭터로 장식되어 있는 커피 잔, 컴퓨터 마우스 패드 그리고 탁상 다이어리와 캘린더들을 볼 수 있습니다.[1]

미래 이력서

1958년, 미국 유학생활을 하던 이원설은 자신의 인생 여정 경로와 미래의 모습을 계획하면서 미래 이력서를 작성했습니다. 그의 미래 이력서에는 1961년 한국의 한 대학에서 교수생활을 시작하여 1980년에는 학장, 그리고 1992년에는 총장이 되어 젊은 세대들에게 비전을 심어 줄 것이라고 적혀 있었습니다.

그러나 그가 실제로 경희대학교의 단과대학 학장이 된 것은 미래 이력서에 적혀 있는 계획보다 11년이 앞당겨진 1969년이었고, 한남대학교의 총장이 된 것은 7년이 앞당겨진 1985년이었습니다. 뿐만 아니라 2003년에는 다시 숭실대학교의 재단 이사장으로 취임했습니다.

미래의 나에게 지불한 대포 수표

짐 캐리*Jim Carrey*는 영화배우가 되려는 청운의 꿈을 품고 캐나다에서 미국 L.A.로 왔지만 너무나 가난해서 한동안 집도 없이 지내야 했습니다. 하루하루 어렵게 살아가던 그는 삶이 너무나 고생스러운 나머지, 스스로 자신의 힘을 북돋아 줄 무언가를 해야겠다고 결심했습니다.

1990년의 어느 날, 그는 차를 몰고 도시를 한눈에 내려다 볼 수 있는 할리우드에서 가장 높은 언덕으로 올라갔습니다. 그러고는 하염없이 도시를 바라보면서 수표책을 꺼내어 스스로에게 천만 달러를 지급한다는 서명을 했습니다. 지급일자는 5년 뒤인 1995년의 추수감사절이라 적고 메모 칸에는 출연료라고 적었습니다. 그는 서명이 완료된 수표를 지갑에 넣고 5년 동안 지니고 다녔습니다.

1995년에 그는 '덤 앤 더머*Dumb & Dumber*'라는 영화의 출연료로 7백만 달러를 받았고 그해 연말에는 '배트맨*Batman*'의 출연료로 천만 달러를 받았습니다. 5년 전, 그가 스스로에게 지급했던 대포 수표가 부도나지 않고 실제로 결제된 것입니다.[2]

3억 원짜리 쪽지

찰스 슈왑*Charles Schwab*이 베들레헴 철강 회사의 회장으로 있을 때의 일입니다. 어느 날 경영 컨설턴트인 아이비 리*Ivy Lee*가 그를 방문해서 이렇게 말했습니다.

"회사의 생산성을 크게 높일 수 있는 획기적인 방법을 알려드릴까요?"

그는 슈왑에게 가로 5cm, 세로 7cm 크기의 하얀 종이 한 장을 보여 주었습니다.[3]

그 종이에는 '오늘의 중요하면서도 급한 일'을 순서대로 적는 칸과 '오늘의 중요한 일'을 적는 칸, '오늘의 급한 일'을 적는 칸, 그리고 '내일의 중요하고도 급한 일'을 적는 칸이 마련되어 있었습니다. 리는 슈왑에게 그 종이를 인쇄하여 사원들에게 나누어 주고 매일 사용케 하라고 권고했습니다.

그리고 여러 주 후에 아이비 리는 그 획기적인 아이디어의 대가로 3억 원 상당의 수표를 받았습니다.

허황된 목표?

저명한 풋볼 코치 루 홀츠 *Lou Holtz*는 28세가 되던 1966년에, 대학의 풋볼 팀 조교자리에서 해고됐습니다. 통장의 잔고는 제로였고 아내 베스는 세 번째 아기를 임신한 지 8개월이 되어가고 있었습니다. 낙심한 그는 삶을 포기한 사람처럼 나날이 우울해져 갔습니다. 그런 그의 모습을 안타깝게 바라보던 베스가 어느 날 그에게 데이비드 슈워츠 *David J. Schwartz*의《크게 생각할수록 크게 이룬다 *The Magic of Thinking Big*》라는 책을 사다 주었습니다. 그는 아내의 따뜻한 배려에 감동했고, 그날 밤을 새우면서 책을 읽었습니다. 그리고 그 책에 적혀 있던 글귀 —죽기 전에 자신이 이루고 싶은 목표 100가지를 적어 보라— 를 보고 그 자리에서 무턱대고 단숨에 107가지의 목표를 적었습니다.

'백악관에서 대통령과의 만찬을 즐기는 일, CBS의 투나잇 쇼 *Tonight Show*에 출연하기, 교황 알현, 노틀담 대학 풋볼 팀의 헤드코치로 발탁되는 일, 소속 팀의 챔피언 등극, 올해의 코치로 선정되는 일, 홀인원 기록…'

그가 적은 목표들은, 28세의 무일푼 백수가 희망하기에는 너무나 터무니없어 보이는 것들이었습니다.

그러나 현재 루 홀츠의 홈페이지에는, 그가 교황을 알현하는 장면, 백악관에서 레이건 대통령과 함께 있는 장면, 투나잇 쇼에서 조니 칼슨과 환담하는 장면이 게재되어 있습니다. 홀인원을 두 번이나 기록했다는 사실도 확인할 수 있습니다. 107개의 목표를 기록한 지 39년이 지난 지금 그는 그의 목표 중에서 103개의 목표를 달성했다고 합니다.[4]

인생을 바꾸어놓은 요술 명찰

1985년 가을,《최고경영자 예수》의 저자 로리 베스 존스 *Laurie Beth Jones*
는 그녀의 인생을 단번에 바꿔버린 놀라운 경험을 하게 됩니다. 그 경험은 기대하지 않았던 곳에서 시작되었습니다. 한 '세미나'에서 '이루어질 것 같지 않은 목표'를 세우고 '그것을 항상 눈에 보이는 곳에 뒀을 뿐'인데, 이 간단한 행동은 그녀의 인생을 크게 변화시켰습니다.

'…그녀는 강사의 지시에 따라 세미나에 참가한 모든 사람들 앞에서 "지금으로부터 1년 뒤인 1986년에 나의 수입은 8만 6천 달러가 될 것이다"라고 자신의 목표를 큰 소리로 외쳤다. 그녀는 5주 동안의 세미나 기간 내내 이름 대신 8만 6천 달러라고 쓰여진 명찰을 가슴에 달고 다녔다. 그리고 세미나가 끝나 집으로 돌아와서는 그 명찰을 욕실 거울에 붙여 두었다…'

1986년 6월 말에 집계해 본 그녀의 수입은 4만 2천 달러였습니다. 그녀는 거울에 붙어 있는 명찰의 아래 위를 강력한 테이프로 더욱 단단하게 고정시켰습니다. 그리고 마침내 1986년 하반기, 그녀의 수입은 상반기 수입액을 초과했습니다.

그녀가 '8만 6천 달러'라는 명찰을 만들었던 1985년, 그녀의 실제 연봉은 3만 6천 달러였습니다. 그리고 특별히 목표액을 8만 6천 달러라고 한 것은 그 다음 해가 1986년도였기 때문이었습니다. 우연하게 세워진 이 목표는, 스스로의 마음에 그것을 새기고 매일매일 눈으로 확인하면서 자신을 이끌어 나간 결과, 현실로 나타나게 되었습니다. 그리고 그녀는 자신을 성공으로 이끌었던 경험을 바탕으로 《사명선언문》이라는 책을 썼고, 그것으로 또 한 번의 성공을 이뤄낼 수 있었습니다.[5]

결정적 변수

시카고 대학의 블룸*Bloom*교수는 120명의 스포츠 스타, 예술가, 저명한 학자 등 여러 분야의 리더들을 조사해서 그들이 눈부신 성공을 거둘 수 있었던 원인에 대해 알아보았습니다. 그리고 마침내 이러한 결론을 얻었습니다.
'성공에 영향을 미치는 결정적 변수는, 선천적 재능이나 가정 배경이 아니다. 그것은 오직 스스로의 가치관에 따라 자신이 하고 싶은 일을 하느냐에 달려 있다.'[6]

달리면서도 읽을 수 있는 묵시

"너는 이 묵시(vision)를 기록하여 판에 명백히 새기되 달려가면서도 읽을 수 있게 하라… 비록 더딜지라도 기다리라. 정녕 응하리라."[7]

앞에 나온 이야기들은 도저히 들리지 않는 소리를 들은, 보이지 않는 것을 본, 그리고 맡을 수 없는 향기를 맡은 사람들의 은밀한 노하우를 들춰낸 것입니다. 그들은 사람들이 모두 입을 모아 "그건 불가능해!"라고 잘라 말했던 일을 "아니야, 이것 봐. 가능하잖아!"라고 말하면서 거짓말처럼 자신의 생각이 옳았음을 증명한 사람들입니다. 그 노하우의 핵심은 마음의 눈에 보이는 것들을 글로 썼다는 것입니다.

얼마 전 필자는 국내 한 대학에서 700여 명의 학생들에게 강연을 했습니다. 전공이나 학년에 관계없이 자유롭게 듣고 싶은 사람만 듣는 강좌였기 때문에 다양한 전공을 지닌 다양한 연령의 학생들이 모였습니다. 강연의

제목은 '꿈을 현실로 만드는 기술' 이었습니다.

강의 도중에 필자는 전체 학생들을 일어서게 하고 "자신이 언제까지 어떤 사람이 되어서 어떤 일을 하고 있어야 한다는 구체적인 목표를 이미 확고하게 결정해 둔 사람은 그대로 서 있고, 그렇지 못한 사람은 앉으라"고 말했습니다. 그랬더니 700여 명 가운데 500여 명은 그 자리에 앉고 200여 명은 그대로 서 있었습니다.

이번에는 "그 분명한 목표가 언제쯤 달성될 지 시기를 알고 있는 사람은 그대로 서 있고, 그렇지 않은 사람은 앉으라"고 말했습니다. 그랬더니 170여 명이 앉고 30여 명은 그대로 서 있었습니다.

세번째로 필자는 그 30여 명을 향하여 "자기의 목표가 무엇인지, 그 목표가 달성될 시기와 그 목표를 달성하기 위해 자기가 지급할 대가는 무엇인지를 자세히 문서로 기록해 둔 사람은 그대로 서 있고, 그렇지 않은 사람은 그 자리에 앉으라"고 말했습니다. 그랬더니 단 3명만이 그대로 자리에 서 있었습니다. 700명 가운데 3명, 단 3명만이 기록된 목표를 가지고 있었던 것입니다. 그들만이 자신의 목표를 똑바로 쳐다보며 앞으로 나아가고 있었던 것입니다.

막연하던 생각도 종이에 적다 보면 점점 구체적인 것으로 변해 갑니다. 종이에 적은 구체적인 생각은 반드시 구체적인 결과를 가져옵니다. 그러나 머릿속에 스쳐간 막연한 생각은 막연한 결과도 가져다 주지 않습니다. 그것은 아무런 결과도 가져다 주지 않습니다. 그럼에도 불구하고 생각을 종이에 적는 사람, 그래서 루 홀츠처럼, 스콧 애덤스처럼, 부루스 리처럼 꿈을 현실로 이루는 사람은 700명 중에 3명밖에 없습니다.

그러나 만약 당신이 이 책을 끝까지 사용하기로 결심했다면 당신은 700명 중 3명의 대열에 이미 들어선 것입니다. '나에게 하는 다짐' 에 당신의 이름을 쓰고 서명을 하는 순간, 자신만의 '사명' 과 '비전' 을 만드는 순간, 당신은 이미 700명 중의 3명이 된 것입니다.

필자 역시, 1996년 1월 1일, '나의 사명은 21세기 지구촌을 책임질 사람들에게 필요한, 비전과 리더십의 원리를 전파하는 것이다. 나는 이 사명을 이루기 위해 2010년까지 비전−리더십 분야의 세계적인 베스트셀러를 내 놓을 것이며, 그때까지 전 세계에 100개의 비전스쿨을 설립할 것이다' 라는 내용의 사명선언문을 작성하였습니다.

필자는 이 사명선언문을 복사하여 여러 개의 예쁜 액자에 끼워 두었습니다. 그리고 눈길이 닿는 곳곳마다 그 액자들을 놓아두고 눈만 뜨면 사명선언문이 확실하게 보이도록 만들었습니다. 사명선언문을 수첩에도 적어 놓고는 그것을 펼칠 때마다 읽고 또 읽었습니다. 나중엔 가로 1m, 세로 1m 크기의 현수막으로 제작하여 연구실 책상 정면에 걸어 놓았습니다. 또 별도로 휴대용을 제작하여 여행지의 숙소에 걸어 놓았습니다. 심지어 강연을 할 때도 사명 플래카드를 강의실 벽에 걸어 놓았습니다.

8년이 지난 2004년 현재 《아들아, 머뭇거리기에는 인생이 너무 짧다》 시리즈는 이미 국내에서 100만 부 이상이 팔렸으며 중국어로 번역되어 타이베이와 베이징에서도 판매되고 있고, 미국에서는 현재 출판이 진행중입니다. 뿐만 아니라 '100개의 비전스쿨' 도 모두 가시권 안에 들어와서 이제는 목표가 손에 잡히기 직전입니다.

당신도 마음속에서 솟구치는 목표를 자신의 말로 분명하게 표현하십시오. 그리고 글로 남기십시오. 그럼 당신이 가야 할 길이 보다 명확하고 선명해질 것입니다.

자, 이제부터 당신은 6가지 코스로 짜여진 비전여행을 떠나게 될 것입니다. 자신만의 비전과 사명을 찾아 떠나는 신나는 여행이지요. 이번 여행을 통해서 당신은 자신이 누구인지, 지금 어디에 있는지, 어디로 가야 하는지,

그리고 어떻게 그곳에 도착할 것인지를 알게 될 것입니다. 20년 후, 목표 지점에 도착해 있는 자신의 모습을 그려 보고, 하고 있는 일을 들여다 보고, 거기서 들려오는 소리를 들어 보고, 거기서 풍겨오는 향기를 맡아 보고, 그곳을 지나는 바람을 살갗으로 느껴 보면서 미래를 현재로 앞당기게 될 것입니다.

신명나는 여정을 따라가노라면 당신은 상상 속의 극장, 내면에 있는 3차원의 극장에 들어서게 되고 스스로를 그 극장의 무대 위에 올려놓게 될 것입니다. 도저히 지워지지 않고 사라지지도 않는 마음속의 그림을 따라 계속 달려가고 있는 무대 위의 자신을 지켜 보게 될 것입니다. 가까이, 밝게, 다채롭게, 시간의 간격이나 선을 넘어서서 오직 하나의 목표를 향해 달려가고 있는 당신의 모습을 보면서 그 목표가 기분 좋게 이루어질 때까지 이 신명나는 영화를 계속 상영하게 될 것입니다.

상상 속의 화면에서 꿈이 현실로 이루어져 가는 모습을 들여다 보고, 무슨 일이 일어나는지 관찰해 보고, 그 영화에 박진감 넘치는 효과음악을 가미하고, 혹시 음악소리가 희미하게 들린다면 볼륨을 높이고, 영상들을 보는 동시에 음악을 들으면서 그 영화의 줄거리를 요약한 몇 줄의 문장을 작성해 본다면, 어느새 당신은 찬란한 비전의 나라에 이르게 될 것입니다.

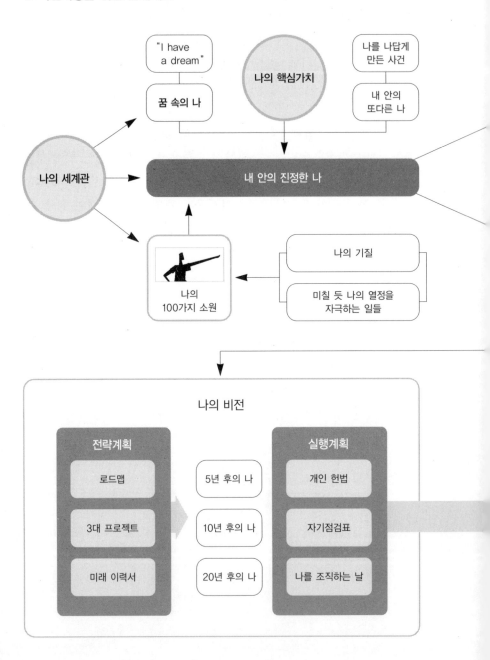

● 비전여행을 위한 안내지도

"I have a dream"

꿈 속의 나

나의 핵심가치

나를 나답게 만든 사건

내 안의 또다른 나

나의 세계관

내 안의 진정한 나

나의 100가지 소원

나의 기질

미칠 듯 나의 열정을 자극하는 일들

나의 비전

전략계획

로드맵

3대 프로젝트

미래 이력서

5년 후의 나

10년 후의 나

20년 후의 나

실행계획

개인 헌법

자기점검표

나를 조직하는 날

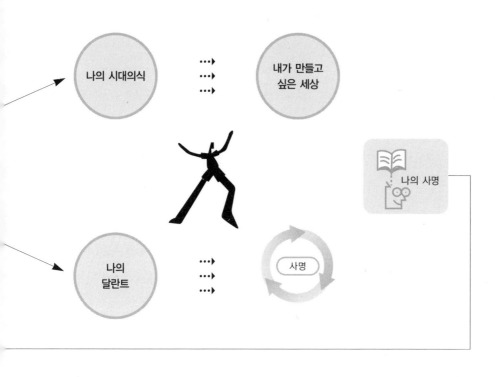

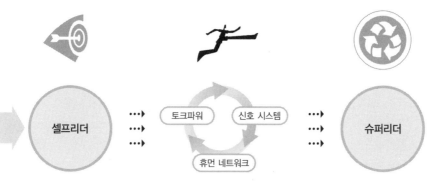

이 책의 사용법

여행을 본격적으로 떠나기 전에 알아두어야 할 것이 있습니다. 이 책은 당신의 과거, 현재, 미래의 상황을 점검해 보고 당신 삶의 궁극적인 비전을 조명하면서 당신의 몸과 마음에, 업그레이드 된 삶의 프로그램을 입력하는 길잡이입니다. 이 책의 각 장은 단계적으로 구성되어 있습니다.

먼저 1부에서는 '숨겨진 자신의 모습을 알아보는 시간'을 가지게 될 것입니다. 2부에서는 그것을 바탕으로 자신이 진정으로 원하는 목표를 '사명'과 '비전'이라는 이름으로 정하게 될 것입니다.

3부에서는 '사명'과 '비전'을 이루기 위한 전략들을 세우게 될 것입니다. 그리고 4부에서는 '몸으로 비전을 선포하는 의식'을 거행하게 될 것입니다. 5부에서는 자신 안에 머무르고 있던 '사명'과 '비전'을 더 넓은 세상으로 펼치기 위해 필요한 것들을 배우게 될 것입니다. 즉 세상과 대화하는 법, 다른 사람을 이끌 수 있는 리더로서의 각오를 다짐하게 될 것입니다.

마지막으로 6부에서는 앞서 정했던 모든 것들을 어떻게 하면 생활 속에서 실천할 수 있을지를 결단하게 될 것입니다.

말하자면 이 책은 여행자인 당신과 안내자인 필자가 나누는 대화입니다. 명조체로 인쇄된 부분은 안내자가 들려 주는 이야기이고 그 다음 self talk

는 당신이 스스로에게 다짐하는 내용입니다. 그 다음에 빈칸이 나옵니다. 그 빈칸에 당신이 비전의 세계를 여행하는 도중에 떠오른 생각이나 판단, 또는 결심을 써 넣어야 합니다. 이 책의 일차적 목표는 그 빈칸들을 모두 채우는 것입니다.

칸을 채울 때는 순서대로 하되, 물음에 대한 생각이 정리되지 않았을 때는 다음 단계로 넘어가지 말고, 끝없는 자문자답을 통해서 막혔던 생각을 정리한 후에 넘어가기 바랍니다. 빨리 마치는 것보다는 제대로 하는 것이 더 중요합니다.

그리고 순서대로 하는 것과 끝까지 하는 것, 빈칸을 남겨두지 않는 것보다 더 중요한 것은 정직하게 진실만을 기록해야 한다는 점입니다. 진정으로 자신이 원하는 것만을 기록해야 합니다. 진정으로 원하는 것이 아니면 실천의지가 생기지 않기 때문입니다. 당신도 '남들이 나를 이렇게 봐줬으면' 하는 이미지를 가지고 있을 테지만, 그 이미지에 따라서 빈칸을 채워가는 건 시간낭비일 뿐입니다.

채워야 할 빈칸 아래에는 여러 개의 예문이 있습니다. 이것은 물음에 대한 답을 어떻게 써야 좋은지 알려주는 것이지, 이 예문들 중의 하나를 답으로 선택하라는 뜻은 아닙니다. 그러나 당신의 생각이 예문과 일치할 때는 그 문장을 빈칸에 그대로 옮겨 적어도 무방합니다. 물론 그럴 경우에도 동사나 명사와 같은 문장의 키워드들은 당신이 자주 쓰는 단어들로 바꿔서 적어야 합니다. 비록 표현이 거칠고 불충분하더라도 당신의 문장으로 당신만의 독특한 생각을 적는 것이 바람직합니다.

이 책은 혼자 사용할 수도 있고 워크숍을 열어 단체로 사용할 수도 있습니다. 이 책을 혼자서 사용할 경우에는 장소가 중요합니다. 아무도 없는 장소, 몇 시간이고 혼자만 있을 수 있는 장소를 선택해야 합니다. 전화나 텔레비전 등에 의해 방해받지 않고 오로지 당신의 인생항로에 대해서만 생각을 집중할 수 있는 곳이어야 합니다. 혼자 먼 곳을 실제로 여행하면서 이 책을 완성한다면 그야말로 환상적일 것입니다.

단체로 워크숍을 열어 이 책을 사용할 경우에는 각자가 기록한 내용을 다른 사람이 볼 수 없도록 모든 참가자들이 멀찌감치 떨어져 앉는 것이 좋습니다. 그러나 프라이버시를 침해하지 않는 범위 내에서는 진행자의 유도에 따라 참가자 전원이 각 문항마다 자신이 기입한 내용을 발표하고 박수로 서로를 격려해 주는 것이 좋습니다. 활발한 발표는 자신과 타인들에게 강한 동기를 부여해 줄 수 있습니다. 물론 개인적이고 비밀스러운 내용은 각자의 판단에 따라 발표하지 않아도 좋습니다. 진행자는 프라이버시의 보호와 활발한 발표, 모두가 이루어지도록 노력해야 합니다.

이 책은 한 번 보고 덮어버리는 책이 아닙니다. 오랜 시간 옆에 두고서 자신의 미래가 불투명해질 때마다 혹은 인생항로를 수정해야 할 때마다 참고할 책입니다. 이 책을 더욱 풍부하게 사용해 보고 싶다면《아들아 머뭇거리기에는 인생이 너무 짧다》시리즈를 함께 보는 것이 좋습니다.《아들아~》시리즈는 바로 이 프로그램의 전체 매뉴얼에 해당되기 때문입니다. 이 워크북과 함께 그 책들을 옆에 두고 내용들을 찬찬히 살펴보면서 올바르고 확고한 비전을 향해 앞으로 나아가길 바랍니다.

나에게 하는 다짐 •----------------------------------

나는 이 워크북에 오직 진실만을 기록할 것을 나 자신과 약속한다. 내가 기록한 내용 때문에 비난이나 벌을 받게 될지라도 나는 진실이 아니면 단 한 자도 써 넣지 않을 것이다.

나는 되도록 아무도 없는 오직 나만의 사색의 골방에서 이 책을 기록하고 수정할 것이며, 나 아닌 그 누구도 결코 이 책을 펴 볼 수 없게 할 것이다.

내가 여기에 적는 모든 내용은 나의 참회이자 간구이며 하나님께서 영혼의 심연에 들려주시는 전진의 북소리이다. 이것은 인생이라는 먼 여정을 걸어가는 데 필요한 나의 지도이며 나침반이다. 내가 언제까지나 의지할 지팡이다.

한 줄의 비전이 억만금의 재산보다 더 소중하다. 이 기록은 나의 자본이며 기술인 동시에 신념이다. 나의 재산목록 1호이다. 나는 어디서 어떻게 살게 되든지 결코 이 비전을 버리지 않을 것이다.

200   년   월   일

이름 : _____

서명 : _____

PART ONE

내 안의 진정한 나를 찾아서

PART TWO

비전, 그 신비로운 빛을 향하여

ontents

내 안의
진정한 나를
찾아서

Part one

세상에서 가장 쉬운 일은 남을 비판하는 일이다.
그리고 세상에서 가장 어려운 일은 바로 자기 자신을 아는 것이다.

– 탈레스

●　　중국과 한국, 일본에서 자생하는 모죽(毛竹)이라는 나무가 있습니다. 이 나무는 제 아무리 주변 환경이 좋아도 심은 지 5년이 지나도록 눈에 띄는 변화가 없다고 합니다. 자라지도 않고 죽지도 않습니다. 그러나 그렇게 5년을 보내고 난 뒤에는 갑자기 하루에 70센티미터씩 쑥쑥 자라기 시작하는데, 6주 동안 하루도 쉬지 않고 성장해서 나중에는 길이가 무려 30미터나 된다고 합니다.

참으로 대단한 나무입니다. 하지만 곰곰히 생각해 보면 그다지 놀라울 것도 없는 일입니다. 이 나무는 5년 내내 땅 속 깊은 곳에서 결정적인 때가 오기를 기다리며 철저한 준비를 하고 있었던 것입니다.[8]

먼 길을 떠나는 여행자에게 있어서 준비란, 모죽의 그것에 버금가는 수준이어야 합니다. 이번 장은 여행을 떠나기에 앞서 거울을 보며 당신의 준비상황을 점검하는 과정입니다.

이 과정을 통해 당신은, 남들의 영향이나 삶의 무게 때문에 뒤틀리기 전의 모습, 즉 당신 본연의 모습이 어떤 것이었는지를 확인할 수 있습니다. 그런 다음에는 당신이 본래 모습으로부터 얼마나 벗어나 있는지를 가늠할 수 있고, 그것을 통해 당신의 가능성을 재확인할 수 있습니다. 이런 과정을 통해 당신의 '참소망'이 무엇인지를 알게 되고, 그것을 선택할 수 있게 됩니다. 즉 당신을 향한 하나님의 계획이 무엇인가를 궁극적으로 알 수 있는 기회를 얻게 되는 것입니다.

'나는 누구인가?'를 안다는 것은 '하나님이 내게 무엇을 원하시는가?'를 아는 것입니다. 즉 나를 안다는 것은 내가 지금 무엇을 위해 어디로 가고 있냐는 것을 아는 것입니다. 여기에 마련된 거울은 당신이 누구인지를 정확하게 보여줘서, 모죽이 그랬던 것처럼 당신의 준비과정을 더욱 탄탄하게 만들어 줄 것입니다. 당신이 가지고 있는 모죽의 씨앗이 땅 속 깊은 곳에서 힘차게 뿌리를 뻗어 십리가 넘는 땅에 안정되게 자리 잡기 바랍니다.

내 안의 또 다른 나
자아충족 지수

세상에 완전한 사람은 없습니다. 심리학자들이 인간의 성장발달 문제를 설명할 때 자기실현 *self-actualization* 또는 자기충족 *self-fulfillment*이라는 용어를 사용한다는 사실은, 역설적으로 이 세상의 어느 누구도 자기의 육체적 · 심리적 · 영적 능력을 충분히 다 발휘하지 못하고 있다는 것을 나타내 줍니다.

다음의 테스트는 현재의 삶이 당신의 이상에 얼마나 접근하고 있는지를 알려줄 것입니다. 즉 당신이 자신의 능력을 충분히 발휘하고 있는지 그래서 현재 모습에 얼마나 만족하고 있는지를 보여 줄 것입니다. 당신의 자아 충족 지수를 보여 주는 이 테스트는 3단계 과정으로 이루어져 있습니다.

• **1단계** : 다음의 단어들 중에서 당신의 이상적인 모습을 가장 잘 묘사하고 있다고 생각되는 것에 동그라미 하십시오. 여기에서 '이상적인 모습'이라 함은 당신의 잠재적 재능이 100% 발휘되고 있을 때의 모습입니다. 선택하고 싶은 만큼 선택할 수 있습니다.

귀엽다	매력적이다	아름답다	예리하다
호소력이 있다	이성적이다	달콤하다	영적이다
현명하다	따뜻하다	의리 있다	신실하다
강하다	믿을 수 있다	덕망이 있다	윤리적이다
원칙적이다	선하다	정직하다	사랑하는
부드러운	재미있는	돌보는	친절한
감동적인	환영하는	격려하는	열정적인
갈망하는	붙임성 있는	용기 있는	배려하는
편안한	밝은	이타적인	동정심 많은
인간적인	헌신적인	세련된	협동적인
자유로운	매너 있는	사려 깊은	인내하는
당당한	자율적인	창의적인	자비로운
자부심 강한	감성적인	객관적인	품위 있는
영리한	유행에 민감한	지적인	재빠른
말쑥한	순수한	사색적인	주의 깊은
빈틈없는	발명에 재능이 있는	지략이 있는	생산적인
찬양하는	활동적인	탄력 있는	꼼꼼한
기뻐하는	에너지 넘치는	온건한	합리적인
완벽한	유능한	진심에서 우러난	가까이 하기 좋은
평화로운	양육하는	전체를 볼 줄 아는	단합된
성취하고 싶어 하는	위대한	확신에 찬	자상한
겸손한	주제넘지 않은	행복한	만족하는
안락한	순종하는	휴식하는	숙달된
부유한	번영하는	경건한	호화로운

가치 있는	풍성한	열매 맺는	파워 있는
깊이 있는	이해력 있는	현명한	도움이 되는
건설적인	기도하는	보람이 있는	

- **2단계** : 아래의 단어들 중에서 현재 당신의 모습을 정확하게 묘사하고 있는 것에 표시하십시오. 몇 개를 선택하건 상관없습니다.

귀엽다	매력적이다	아름답다	예리하다
호소력이 있다	이성적이다	달콤하다	영적이다
현명하다	따뜻하다	의리 있다	신실하다
강하다	믿을 수 있다	덕망이 있다	윤리적이다
원칙적이다	선하다	정직하다	사랑하는
부드러운	재미있는	돌보는	친절한
감동적인	환영하는	격려하는	열정적인
갈망하는	붙임성 있는	용기 있는	배려하는
편안한	밝은	이타적인	동정심 많은
인간적인	헌신적인	세련된	협동적인
자유로운	매너 있는	사려 깊은	인내하는
당당한	자율적인	창의적인	자비로운
자부심 강한	감성적인	객관적인	품위 있는
영리한	유행에 민감한	지적인	재빠른
말쑥한	순수한	사색적인	주의 깊은
빈틈없는	발명에 재능이 있는	지략이 있는	생산적인

찬양하는	활동적인	탄력 있는	꼼꼼한
기뻐하는	에너지 넘치는	온건한	합리적인
완벽한	유능한	진심에서 우러난	가까이 하기 좋은
평화로운	양육하는	전체를 볼 줄 아는	단합된
성취하고 싶어 하는	위대한	확신에 찬	자상한
겸손한	주제넘지 않은	행복한	만족하는
안락한	순종하는	휴식하는	숙달된
부유한	번영하는	경건한	호화로운
가치 있는	풍성한	열매 맺는	파워 있는
깊이 있는	이해력 있는	현명한	도움이 되는
건설적인	기도하는	보람이 있는	

- **3단계** : 1단계에서 선택한 단어들의 수를 세어 보십시오. 그 숫자는 '당신의 잠재자아 총섬'입니다. 그런 다음 당신이 2단계에서 선택한 단어의 수를 세어 보십시오. 그 숫자는 '당신의 실제자아 총점'입니다. 이제 이 두 점수를 이용해서 현재 당신의 삶이 이상과 현실 사이 어디쯤에 있는지 알아보도록 합시다.

자아충족 지수 = (실제자아 총점 / 잠재자아 총점) × 100

이제 당신의 자아충족 지수를 계산해 보십시오.

자아충족 지수 = (/   ) × 100 = (   )%

자아충족 지수가 60% 이상인 당신,

당신은 잠재력을 발휘하면서 적극적으로 삶을 개척하고 있습니다. 당신은 당신의 속사람이 원하는 모습을 갖춰가고 있고, 자신이 하고 싶은 일에 가까이 가고 있습니다. 당신은 믿음과 소망, 그리고 사랑으로 성공을 향해 나아갈 수 있습니다. 오직 당신 속사람의 목소리에 따라 자신을 통제하기 위해 노력한다면 당신의 삶은 더욱 아름다워질 것입니다.

자아충족 지수가 60% 이하인 당신,

당신은 그동안 많이 참아왔습니다. 그러나 너무 참기만 하다 보니 본래의 모습과는 멀어져 가고 있는 상태입니다. 원하는 것을 직선적으로 말하는 연습을 할 필요가 있습니다. 남들이 아무리 "자장면"이라고 이구동성으로 말하더라도 짬뽕을 먹고 싶다면 "난……! 짬뽕!!"이라고 큰 소리로 외치십시오. 싫은 건 싫다고 말할 수 있는 배짱이 필요합니다. 당신에게는 당신의 속사람이 진정으로 원하는 것을 선택할 권리가 있습니다.

내가 꿈꾸는 미래의 내 모습

1960년 11월경 쌀쌀한 초겨울 바람이 매섭게 부는 오후였습니다. 10살 남짓 되어 보이는 한 소년이 길가에 있는 신문사 사무실 앞에서 꼼짝도 하지 않고 서 있었습니다. 그 소년은 유리창을 통해 사무실 안에서 벌어지고 있는 광경을 넋이 나간 것처럼 열심히 들여다 보고 있었습니다.

소년의 시선은 사무실 가운데에 놓여 있는 커다란 책상, 특히 그 책상에서 열정적으로 일하고 있는 편집장에게서 떨어질 줄 몰랐습니다. 편집장의 모습을 본 순간 소년은 자신도 모르게 '그래 맞아! 바로 저거야!' 라고 외쳤습니다. 그는 편집장의 모습을 뚫어지게 쳐다보면서 마음속으로 자기도 저런 사람이 되겠노라고 굳게 결심했습니다.

열정적인 편집장의 모습은 마치 밤하늘의 북극성이 늘 북쪽을 가리키며 반짝이는 것처럼 그 소년이 나아갈 방향을 알려주었고, 그 모습을 가슴 깊이 새긴 소년은 훗날 결국 자신이 꿈꾸던 모습 그대로 편집장이 되었습니다. 유리창 너머로 신문사 편집실의 광경을 바라본 바로 그 짧은 순간, 그의 삶의 방향은 정해진 것입니다.[9]

Self Talk 　사람들은 누구나 마음속 깊은 곳에 이 세상 누구와도 닮지 않은 독특한 자아의 영상을 간직하고 살아간다. 모두들 스스로의 행동, 외모, 역할에 대해 늘 꿈꾸는 모습이 있다. 물론 나에게도 그러한 이미지가 있다. 소년이 한순간 편집장의 모습에 빨려 들어간 것처럼, 나를 그렇게 끌어당기는 내 마음속의 이미지는 바로 다음과 같다.

(1) _____

(2) _____

(3) _____

* 아래의 예를 참조해 보세요

1_ 의사로서 국경 없는 자원봉사 순례의 길을 가고 있는 모습

2_ 많은 학생들 앞에서 열정적으로 강의와 간증을 하고 있는 모습

3_ 방송국 스튜디오에서 차분한 목소리로 9시 뉴스를 진행하고 있는 모습

4_ 세계 경제의 발전에 큰 변화를 가져올 기술을 연구하고 있는 모습

5_ 중요한 거래처의 외국 바이어들을 만나서 협상하고 있는 모습

6_ 혼신의 힘을 다해 악기를 연주한 후, 청중들의 박수에 답례하고 있는 모습

7_ 쓸쓸하게 사시는 노인을 찾아가서 정성스럽게 목욕을 시켜드리는 모습

8_ 큰 회의실에서 사람들과 토론하고, 그들에게 몇 가지 지시사항을 말해주는 모습

9_ 농장을 돌아보며 식물들 혹은 동물들을 보살피고 있는 모습

10_ 아름다운 노래로 많은 사람들에게 감동을 주는 모습

11_ 병원에서 환자들을 돌보며 그들을 위해 간호하고 있는 모습

12_ 상처받은 사람들의 이야기를 들어주고 손을 잡아주는 모습

13_ 갤러리에 걸린 자신의 그림을 감상하고 있는 모습

14_ 노숙자와 실직자들에게 점심을 나누어주고 있는 모습

15_ 오염으로 인해 죽어 가는 야생 동물들을 보살피고 있는 모습

16_ 정치인이 되어 선거에서 승리하고 당선소감을 발표하는 모습

17_ 정부의 고위직 관료로서 공익을 위해 헌신하고 있는 모습

18_ 사람들 앞에서 종교적 신념을 피력하고 있는 모습

19_ 소설가나 시인이 되어 출판기념회를 열고 있는 모습

20_ 대규모 건설공사를 기획, 설계, 감독하고 있는 모습

21_ 자신의 연기를 감독과 함께 검토하고 있는 모습

22_ 한국을 모르는 사람들에게 한국의 문화와 역사를 알려주고 있는 모습

23_ 어려운 사람들의 입장을 변호해 주는 인권 변호사의 모습

24_ 프로 축구선수로서 어린이 축구교실을 열고 있는 모습

25_ 평범하게 살면서 한두 명의 소년 가장을 서포트하는 모습

나를 움직이게 하는 원동력

사람은 제각기 독특한 욕구를 가지고 있습니다. 그리고 그러한 욕구에 따라서 특정한 에너지를 발휘합니다. 조직의 우두머리로서 큰 책임을 맡아야 비로소 일을 열심히 하는 사람이 있는가 하면, 자유로운 활동이 보장될 때 생기가 도는 사람이 있고, 어떤 사람에게는 실제적인 지식과 자료들이 에너지원이 되는가 하면, 다른 사람에게는 미래에 대한 꿈이 그러한 에너지원이 될 수 있습니다. 사람을 움직이는 원동력, 그 사람을 행동하게끔 하는 것을 우리는 기질이라고 부릅니다.

보스 기질, 사업가 기질, 예술가 기질, 혁명가 기질 등등 기질의 종류는 무수히 많고, 이러한 기질은 주로 선천적인 것이 많습니다. 물론 사람은 누구나 기질의 한계를 안고 살아가기 마련입니다. 그러므로 진정한 나를 찾기 위해서, 나에게 맞는 목표와 비전을 찾기 위해서는 자신의 타고난 기질을 알아보는 게 중요합니다. 이것은 자신을 좀더 정확히 진단하고 성찰하는 데 큰 도움을 줍니다.

지금부터 당신은 다음의 테스트를 통해서 스스로의 기질을 확인해 볼 수 있습니다. 이 테스트는 심리학자 배런*Renee Baron*이 연구한 기질 테스트의 일부분을 수록한 것입니다. 그녀는 사람이 지니고 있는 기질을 각각 매니저, 활동가, 지식인, 이상가 이렇게 네 가지로 분류하고 있습니다. 이 네 가지 기질은 사람이 목표를 추구할 때 어떠한 방식과 태도로 일을 추진하는가를 바탕으로 만들어진 것입니다.[10]

물론 이 테스트의 결과가 당신의 기질을 정확하게 보여 준다고는 말할 수 없습니다. 그러나 여기에서 얻은 결과는 선택의 갈림길에 섰을 때 당신에게 많은 도움을 줄 것입니다. 그럼 먼저, 다음 각 항목을 읽고 '아니다', '약간 그렇다', '그렇다' 에서 자신에게 맞는 답을 골라 각 항목마다 표시하십시오. 그런 다음 자기 진단표를 사용해 당신의 기질을 찾아보십시오.

	아니다 (0)	약간 그렇다 (1)	그렇다 (2)
1. 나는 실용적인 것을 좋아하고, 있는 그대로의 사실을 중요하게 생각한다.	☐	☐	☐
2. 나는 자주 미래를 보며 아이디어를 떠올려야 하기 때문에 오랜 시간 동안 현실에만 집중하기 어렵다.	☐	☐	☐
3. 나에게 모든 것을 명쾌한 논리에 따라 결정하는 능력이 있다는 것은 나름대로 큰 자랑거리다.	☐	☐	☐
4. 나는 감정전달이 빠르고 사람들과 공감대를 잘 형성한다.	☐	☐	☐
5. 나는 일이 결론이 나지 않은 상태로 남아 있는 것을 싫어한다.	☐	☐	☐
6. 나는 상황에 적응을 잘하며, 임기응변에 강하다.	☐	☐	☐

7. 나는 이론보다 실제 사실과 통계를 더 중요하게 생각한다. ☐ ☐ ☐

8. 나는 뭔가를 설명할 때 비유나 추리를 많이 이용한다. ☐ ☐ ☐

9. 나는 모든 논쟁에서 내 주장을 강하게 제시한다. ☐ ☐ ☐

10. 나는 대인관계나 사람들 사이의 감정에 대해 얘기하기를 ☐ ☐ ☐
즐긴다.

11. 나는 환경이 어지러우면 일에도 집중하지 못하고 쉬지도 ☐ ☐ ☐
못한다.

12. 나는 여러 가지 일을 왔다 갔다 하면서 동시에 다 처리할 수 ☐ ☐ ☐
있다.

13. 나는 실질적인 이득이 있는, 결과가 손에 잡히는 일을 ☐ ☐ ☐
하고 싶다.

14. 나는 정보를 판단할 때 육감이나 영감, 상상력에 많이 ☐ ☐ ☐
의존한다.

15. 나는 친구들을 배려하는 것에는 무신경한 편이다. ☐ ☐ ☐

16. 나는 결정을 내리기 전에 나의 결정으로 인해 다른 사람들이 ☐ ☐ ☐
받게 될 부담이나 마음의 상처에 대해 곰곰히 생각한다.

17. 나는 늘 '할 일' 목록을 들고 다니며 매사를 완전하게 ☐ ☐ ☐
체크한다.

18. 나는 새로운 일을 시작하기를 좋아한다. 나는 하고 있던 일이 ☐ ☐ ☐
다 끝나지 않았어도 새로운 일을 시작하곤 한다.

19. 나는 일을 판단할 때 주관적인 추측에 의존하기보다, ☐ ☐ ☐
글자 그대로를 말하고 듣고 해석하는 경향이 있다.

20. 나는 새로운 가능성에 주목하기를 좋아하고 잠재적 변수에 ☐ ☐ ☐
집중한다.

21. 모든 일을 반드시 스케줄대로 해야 하는 것은 아니다. ☐ ☐ ☐

22. 사람들은 나에게 지나치게 분석적이며 이론을 따지는 경향이 ☐ ☐ ☐
    있다고 한다.

23. 사실대로 일을 처리하는 것도 좋지만 그보다는 품위 있고 ☐ ☐ ☐
    세련되게 하는 것이 더 중요하다.

24. 남들이 나의 스케줄을, 특히 약속시간이 거의 다 된 다음에 ☐ ☐ ☐
    엉키게 하면 화가 난다.

25. 나는 뭐든 찬찬히 살펴보는 성격이다. 나는 내 주변에서 ☐ ☐ ☐
    무슨 일이 일어나고 있는지를 잘 알아채며 자세한 내용까지
    다 기억하는 편이다.

26. 나는 매일 똑같이 반복되는 일을 싫어한다. 나는 ☐ ☐ ☐
    미래지향적이며 처음 시도하는 혁신적인 일을 좋아한다.

27. 나는 남에게 때로는 쌀쌀맞을 수도 있고 거리낌 없이 ☐ ☐ ☐
    행동할 수도 있다.

28. 남들로부터 인정받고 남들이 내 마음을 알아주는 것은 ☐ ☐ ☐
    중요하다.

29. 나는 일하고, 놀고, 먹고, 쉬고, 모든 것을 다 할 수 있는 ☐ ☐ ☐
    공간이 있기를 바라며, 주어진 공간에서 그 모든 것을
    하기를 좋아한다.

30. 나는 '할 일' 목록 같은 건 작성하지 않는다. 굳이 적어야 ☐ ☐ ☐
    한다면 지나간 것은 내버려 두고 앞으로 해야 할 일들만
    적는다.

31. 나는 구체적이고 자세한 내용들보다 바닥에 깔려 있는 ☐ ☐ ☐
    큰 그림과 전체적인 흐름을 중요하게 생각하는 편이다.

32. 나는 사람들의 감정·느낌보다 그들의 생각에 더 주의를 ☐ ☐ ☐
    기울인다.

33. 나는 모형차를 만들거나, 뭔가를 조립하거나, 칼로
　　다듬거나 또는 바느질과 같이 손으로 만지면서 하는
　　일을 좋아한다. □ □ □

34. 나는 뭐든 좋은 게 좋다. □ □ □

35. 나는 어떤 일에 착수하기 전에 그 일을 하기 위해 필요한
　　모든 것이 내 손에 쥐어져 있는지를 반드시 챙기는 사람이다. □ □ □

36. 나는 마감시간이 되기 전에는 무사태평으로 놀고 있다가
　　마지막에 급하게 일을 시작한다. □ □ □

37. 나는 나의 손재주나 기술을 최대한 이용하는 것을 좋아한다. □ □ □
　　배우는 것을 좋아하고 가지고 있는 기술을 발전시키기를
　　좋아한다.

38. 나는 사실 자체보다 그 사실이 암시하는 것에 대해 더
　　신경을 쓴다. □ □ □

39. 나는 좀처럼 감정을 드러내지 않는다. □ □ □

40. 사람들은 내가 자신들을 돌보는 것을 좋아한다. □ □ □

41. 나는 약속시간을 철저히 지킨다. 나는 약속시간을
　　지키지 않는 사람을 잘 이해할 수 없고 그런 타입은 가까이
　　하고 싶지 않다. □ □ □

42. 나는 잘 정리하지 않기 때문에 방이나 책상이
　　어수선하다. □ □ □

43. 나는 주어진 여건을 즐기는 탁월한 능력이 있으며 있는
　　그대로에 만족하는 편이다. □ □ □

44. 나는 글을 읽을 때 줄과 줄 사이에 숨겨진 의미와 숨은
　　의도를 찾아내고자 애쓴다. □ □ □

45. 나는 세련된 것보다는 진실한 것이 더 좋다. □ □ □

46. 나는 개인적인 사정보다는 원리원칙과 논리적 타당성에 □ □ □
    따라 일을 결정한다.

47. 나는 내가 필요로 하는 것과 원하는 것을 잘 말하지 □ □ □
    않는 편이다.

48. 나에게는 일정계획과 시간표가 중요하다. □ □ □
    무슨 일이든 계획이 불분명하면 마음이 편하지 않다.

49. 나는 일하다 놀고 놀다 일한다. 반드시 일을 끝내야 노는 □ □ □
    성격은 아니다.

50. 나는 내가 직접 보고 듣고 맛 보고 만지고 냄새 맡은 것을 □ □ □
    가장 확실히 믿는다.

51. 나는 내 주변에서 무슨 일이 일어나고 있는지에 대해 아주 □ □ □
    둔감한 편이다.

52. 나는 다른 사람에게 반대의견을 딱 부러지게 말하지 못한다. □ □ □

53. 나는 일을 뒤로 미루지 않는다. 또한 먼저 시작한 일을 □ □ □
    완벽하게 끝내지 못했으면 다른 일을 시작하지 않는다.

54. 나는 결심을 최대한 뒤로 미룬다. 어쩔 수 없이 결론을 □ □ □
    내려야 하는 마지막 순간까지 버티고 망설이며, 그동안
    정보를 수집하고 심사숙고한다.

55. 나는 10년 후 생길 거라는 200만 원보다 지금 손 안에 □ □ □
    든 10만 원을 더 좋아한다.

56. 나는 추상적인 것과 이론을 좋아하고, 일상생활의 □ □ □
    자질구레한 것을 일일이 따지는 것은 별로 좋아하지
    않는다.

57. 나는 비판당해도 창피하지 않고 남들의 잘못도 거리낌 없이 □ □ □
    지적한다.

58. 나는 나에 대해 비판하는 사람에게 앙심을 품는 편이며 ☐ ☐ ☐
    자주 예민하다는 지적을 받는다.

59. 나는 숙제나 주어진 일을 마치고 난 다음에 비로소 ☐ ☐ ☐
    쉬거나 논다.

60. 나는 계획적이고 의도적인 것보다 무의식적이고 자발적인 ☐ ☐ ☐
    행동을 좋아한다. 나는 예상치 못했던 일이 일어나면
    더 잘한다.

　각 항목마다 기입했던 점수를 아래 '자기 진단표' 에 적으십시오. 그리고
각 줄의 점수를 합해서 아래 합계란에 적으십시오.

문항	A	문항	B	문항	C	문항	D	문항	E	문항	F
1		2		3		4		5		6	
7		8		9		10		11		12	
13		14		15		16		17		18	
19		20		21		22		23		24	
25		26		27		28		29		30	
31		32		33		34		35		36	
37		38		39		40		41		42	
43		44		45		46		47		48	
49		50		51		52		53		54	
55		56		57		58		59		60	
합계		합계		합계		합계		합계		합계	

나의 기질 첫번째 : 오감형 vs 육감형

A의 점수합계 : (   )
B의 점수합계 : (   )

A와 B 중에서, 만약 A의 점수합계가 더 높으면 당신은 오감형 *Sensing* 사람이고, B의 점수합계가 더 높으면 당신은 육감형 *Intuiting* 사람입니다.

오감형의 사람들은 사실을 확인할 때, 직접 보고, 듣고, 맛 보고, 만져 보고, 냄새 맡아 보는 것을 좋아합니다. 또 그러한 과정을 거쳐야만 사실을 인정하는 경향이 있지요. 따라서 오감으로 확인할 수 있는 자세하고 구체적인 사실을 중요하게 여깁니다. 사건이 일어난 현장을 직접 보거나 그것을 사실대로 기록하는 것을 좋아한다면, 오감형일 확률이 높지요. 이러한 타입은 만약 문제가 생기면 실제로 확인한 자료들을 이용해서 문제를 해결하곤 합니다.

육감형의 사람들은 직접 만지고 맛 보고 소리 들어 보지 않아도 통찰력으로 정보를 알아냅니다. 오감보다는 육감에 의존하는 경향이 높지요. 이러한 유형은 지금 당장 나타난 현상보다는 앞으로 일어날 가능성에 더 주목합니다. 사실 자체보다는 여러 사실들을 연결시켜 보고 거기에서 일정한 흐름을 읽어내려는 경향이 있습니다.

나의 기질 두번째 : 논리형 vs 감성형

C의 점수합계 : (   )

D의 점수합계 : (   )

C와 D 중에서, 만약 C의 점수합계가 더 높으면 당신은 논리형 *Thinking* 사람이고, D의 점수합계가 더 높으면 당신은 감성형 *Feeling* 사람입니다.

논리형인 사람들은 무슨 일을 선택하거나 판단할 때 감성보다는 이성을 더 많이 사용합니다. 이러한 타입은 자신의 결정이 다른 사람들에게 미치는 영향에 대해서는 관심이 없을 수도 있습니다. 그것보다는 객관성, 논리적 일관성, 공정성에 더 집중하려고 하지요. 사실을 분석하려는 경향이 강하고, 다른 사람의 이야기에 모순이 있다면 예리한 비평을 하기도 합니다. 사리에 맞지 않는 것을 싫어하는 면이 있습니다.

감성형인 사람들은 무슨 일을 선택하거나 판단할 때 이성보다는 감성을 더 많이 사용합니다. 그러나 여기에서 말하는 '감성적'이란 '감상적'이라는 말과는 다릅니다. 즉 감성적이라는 것이 남달리 감정이 풍부하다는 말은 아니라는 뜻입니다. 감성적인 사람은 상황을 주관적으로 해석하고, 자신의 방식에 따라 일하기를 좋아합니다. 그러나 자신의 결정이 남에게 주는 영향력을 항상 생각하지요. 그래서 논리에 맞지 않아도 상대방이 원하면 받아들이기도 합니다. 일의 옳고 그름보다는 타인의 감정에 더 신경을 쓰는 타입입니다.

나의 기질 세번째 : 계획형 vs 자유형

E의 점수합계 : (   )
F의 점수합계 : (   )

E와 F 중에서, 만약 E의 점수합계가 더 높으면 당신은 계획적인 사람이고, F의 점수합계가 더 많으면 당신은 자유분방한 사람입니다.

계획형인 사람들은 모든 것을 빠르고 자신 있게 결정합니다. 계획을 미리 세워 놓기를 좋아하고, 일단 계획이 세워지면 조직적이고 치밀하게 일을 추진해 나갑니다. 우유부단한 타입과는 거리가 멀지요. 오히려 결정이 뒤로 미뤄지면 불안해 하는 경향이 있습니다. 이러한 타입은 식당에 갈 때나 극장에 갈 때 예약하고 가는 것을 좋아합니다. 일을 할 때 정확하고 엄격한 면이 있지만, 반면에 일을 빨리 끝내고 빨리 잊어버리는 면도 있습니다.

자유형인 사람들은 얽매이는 것을 싫어합니다. 계획에 맞춰서 살기보단 물 흐르듯이 자유롭게 살기를 원합니다. 이러한 타입은 계획을 세우지 않고, 일단 일을 시작하면서 천천히 다른 것을 결정하는 경향이 있습니다. 임기응변에 강하기 때문에 계획을 세우기보다 먼저 행동하는 것을 좋아하기도 합니다. 혹은 얽매이기 싫어서 결정을 끝까지 미루다가 마지막에 새로운 기회를 만들기도 합니다.

나의 기질 네번째 : 매니저, 활동가, 지식인, 이상가

앞서 했던 자가진단 결과를 종합하여 아래 빈칸에 기입하시기 바랍니다.

위의 테스트로 알아본 결과,
나는 '오감형'과 '육감형' 중에서는 (   ) 유형에 더 가깝다.
또한 '논리형'과 '감성형' 중에서는 (   ) 유형에 더 가깝다.
그리고 '계획형'과 '자유형' 중에서는 (   ) 유형에 더 가깝다.

자, 이제 이것을 가지고 앞에서 말했던 네 가지 기질 ―매니저, 활동가, 지식인, 이상가 ― 중에서 자신의 기질이 어디에 해당하는지 확인해 보도록 합시다.

- 오감형이며 동시에 **계획형**인 사람들은 보스 기질, 리더 기질을 타고 난 매니저*Duty Seeker*에 해당합니다.

- 오감형이며 동시에 **자유형**인 사람들은 자유인의 기질을 지니고 있는 활동가*Action Seeker*입니다.

- 육감형이며 동시에 **논리형**인 사람들은 끊임없이 새로운 통찰력과 아이디어를 추구하는 지식인*Knowledge Seeker*에 해당합니다.

- 육감형이며 동시에 감성형인 사람들은 꿈과 이상을 좇는 이상가 *Dream Seeker*의 기질을 가지고 있습니다.

당신의 기질은 무엇입니까? 매니저입니까? 활동가입니까? 아니면 지식인입니까? 이상을 좇는 이상가일 수도 있겠지요. 다음 네 가지 기질 중에서 당신의 기질에 표시해 보십시오.

66 나는 (매니저, 활동가, 지식인, 이상가)이다. 99

당신의 기질을 알았다면 이제 그것의 특징을 잘 생각하면서 자신의 특성과 하고 싶은 일 그리고 이 모든 것과 관계돼서 꼭 고쳐야 할 점을 적어 봅시다. 문장이 생가이 안 난다면 예문을 참고하도록 합시다.

기질에 따른 나의 특성

(1) _____

(2) _____

(3) _____

(4) _____

(5) _____

내가 원하는 직업

_____

_____

_____

_____

_____

내가 고쳐야 할 점

매니저 타입은 책임을 맡고 있는 조직의 리더가 돼야 힘이 납니다. 이러한 타입은 스스로는 물론이고, 자신이 속한 조직을 통솔하고 이끌어 나갈 수 있는 능력이 있습니다. 자신이 할 일은 알아서 찾아내어 책임을 완수합니다. 자신도 모르는 사이에 남들의 모델이 되어 있는 경우도 많습니다. 나이가 들수록 자신의 영역에서 최고책임자가 될 가능성이 높습니다.

기질에 따른 나의 특징

- 돈에 여유가 있어도 최소한의 지출만 하고 미래에 닥쳐올 어려움에 대비하여 저축하는 습관이 있다.
- 비전이나 가능성보다는 당장의 현실적인 임무 완수가 더 중요하다.
- 꼭 필요한 사람이라고 인정받고 싶고, 그렇게 되도록 노력하고 있다.
- 이미 많은 일을 하고 있을 때도, 마땅히 해야 할 일이라고 생각되면 추가로 생기는 새로운 일을 거절하지 않는다.
- 객관적이고 투명한 잣대로 업적을 평가받기를 원한다.

내가 원하는 직업

컴퓨터 프로그래머, 경영관리자, 공무원, 교사, 항공기 승무원

고쳐야 할 점

- 남들의 협조를 구하고 남과 더불어 일하는 태도가 부족하다.
- 의무감만 있고, 삶의 의미와 가치를 탐구해 보는 시간이 너무 없다.

활동가 타입은 전 세계를 오가며 자유를 만끽해야 힘이 납니다. 이들은 규칙보다 자유를 먼저 생각합니다. 또한 요지부동의 결론보다는 임기응변을 추구하기도 합니다. 온갖 위험과 시련을 무릅쓰고 미지의 세계를 탐험하는 개척자의 정신, 끝없는 도전 정신과 용기가 가장 큰 장점이지요.

기질에 따른 나의 특징

- 언제나 타협과 협상을 받아들일 준비가 되어 있다.
- 자료를 읽거나 설명을 듣기보다는 직접 부딪쳐서 일을 해결한다.
- 복잡한 이론이나 말보다 실질적인 행동을 더 중요하게 생각한다.
- 변하지 않는 결론을 내리고 거기에 얽매이기보다는 언제라도 상황에 따라 변할 수 있는 것을 좋아한다.
- 불확실한 것에 도전하는 용기를 중요하게 생각하고 위기에도 강하지만, 일단 위기를 넘기고 나면 맥이 풀린다.

내가 원하는 직업

변호사, 사업가, 스포츠 코치, 홍보전문가, 경찰

고쳐야 할 점

- 이것저것 벌려놓기는 잘하지만 마무리를 깔끔하게 하지 못한다.
- 매사를 너무 경솔하게 즉각적으로 결정해 버리는 습관이 있다.

● 지식인 기질을 위한 예문

자식인 타입은 명쾌한 논리와 지적인 우월성이 힘의 원천입니다. 이 타입에는 비상한 두뇌와 풍부한 지식을 바탕으로 사회를 개선하는 데 필요한 아이디어를 제공할 수 있는 사람이 많습니다. 주로 아이디어맨, 수재 혹은 공부벌레라는 별명을 가지고 있겠군요.

기질에 따른 나의 특징

- 독립적이고 자율적으로 일하기를 좋아한다.
- 공정한 규칙에 따라 창의적인 과제를 개인적으로 해결하길 좋아한다.
- 일상적인 일, 누구나 다 아는 일에 대해선 별 관심이 없다. 그보다는 새롭고 복잡한 문제를 풀어내는 것을 좋아한다.
- 지금 일어나고 있는 일보다는 그러한 일을 일으키는 근본 원인과 장래의 변화에 더 주목하는 편이다.
- 사실보다는 비전과 가능성이 더 중요하다.

내가 원하는 직업

심리학자, 경제전문가, 회사의 팀 트레이너, 교수, 고고학자

고쳐야 할 점

- 친구들이 어려움을 호소하면 묵묵히 들어주고 위로해 주는 대신 그들의 잘못을 지적하고 해결책을 가르치려고 하는 습관이 있다.
- 감정을 드러내지 않기 때문에 너무 딱딱하고 메말라 보인다.

이상가 기질을 위한 예문

이상가 타입은 꿈을 먹고 살며 세상을 변화시키기 위해 전력투구합니다. 간혹 시대의 흐름을 거부하고 사색에 잠겨 자신만의 세계를 추구하기도 하지요. 상상력이 풍부해서 엉뚱한 행동을 하기도 하지만, 무한한 가능성을 지니고 있습니다. 이상을 좇는 행동이 오히려 강력한 카리스마를 발휘하여 사람들을 감동시키기도 합니다. '천재 같으면서도 바보 같다' 는 말을 들은 적이 있다면 이상주의자 타입에 속할 가능성이 많습니다.

기질에 따른 나의 특징
• 대립 · 갈등이 없는 곳에서 인격과 기술을 함께 키우길 바란다.
• 처음에는 열심이지만 일의 핵심을 다 알고 난 후에는 귀찮아한다.
• 주변 사람들이 자신의 잠재력을 충분히 발휘할 수 있도록 자극을 주고, 통찰력을 발휘하여 그들을 돕는 것을 좋아한다.
• 사람들의 감정에 민감하며 사람들과 공감대를 잘 형성한다.
• 새로운 아이디어에 대해 호기심이 많은 편이다.

내가 원하는 직업
배우, 전문 통역인, 뮤지션, 미디어 전문가, 물리치료사

고쳐야 할 점
• 객관적인 기준을 무시하고 어린 아이처럼 나만 내세우려 한다.
• 남을 너무 걱정하고 남에게 너무 주려고만 한다.

혹여 당신의 기질이 자신이 하고 싶은 일이나 가치관에 어울리지 않는 것 같아 보여도 걱정하실 필요는 없습니다. 사람에게 숨겨져 있는 기질은 무궁무진하며, 설사 위의 테스트에서 나온 기질이 당신의 성향을 구성하고 있는 절대적인 요건이라 해도 사람에게 최고로 중요한 것은 따로 있기 때문입니다. 사람에게 가장 중요한 것은 가치관입니다. 가치관을 토내로 '무슨 일을 평생의 과업으로 생각하고 있느냐' 가 중요한 것입니다. 그리고 그것을 '얼마나 진정으로 열망하고 있느냐' 가 중요한 것입니다.

예를 들어, 당신의 가치관이 '다른 사람을 위해 봉사하는 삶' 이었다고 합시다. 그리고 그것을 위해 의사가 되길 희망한다고 합시다. 그럼 기질과는 상관없이 의사가 되길 끊임없이 갈망하고 노력하면 됩니다. 만약 기질의 차이가 너무 심하다면 혹은 기질에 맞는 일을 선택했을 때 더 큰 결과를 창출할 수 있다면, 다른 일을 통해서 '봉사' 라는 가치를 만들어 가면 됩니다. 꼭 의사가 되어야만 봉사를 할 수 있는 것은 아니니까요. 사람에게 중요한 것은 '무슨 직업을 택하느냐' 가 아니라 '무엇을 이뤄 내느냐' 입니다. 그러나 하고 싶어 하는 일은 대부분 자신의 기질에도 맞는 것일 때가 많습니다. 숨겨져 있는 기질이 자신도 모르게 '꿈' 이라는 이미지로 표출되기 때문입니다.

상상의 범위

미국 시인 에머슨 *Ralph Waldo Emerson*은 "상상의 본질은 흐르는 것이지 얼어붙는 것이 아니다"라고 말한 바 있습니다. 상상력, 마음의 눈에 비치는 사물을 영상화하는 능력은 정신활동의 기본적 요소입니다. 그것은 현실을 단숨에 뛰어넘는 기발한 방법이며 예술작품을 창작할 때만이 아니라 상황을 예견하거나 문제를 해결함에도 아주 요긴한 것입니다.

콜럼버스 *Christopher Columbus*가 지구는 둥글다는 상상을 하지 않았다면 신대륙을 발견할 수는 없었습니다. "나는 사물을 언어로 상상하지 않는다"고 말한 아인슈타인 *Albert Einstein*이 모든 것이 상대적인 세계를 상상하지 않았다면 상대성원리는 알려질 수 없었을 것입니다.

그러나 상상의 범위는 사람에 따라 천차만별입니다. 어떤 사람은 아인슈타인처럼 오직 정신적 이미지로만 상상을 펼치는가 하면 어떤 사람은 언어로도 상상을 펼치기가 힘겹습니다. 사실, 열 명 가운데 세 명은 상상을 펼친다는 것 자체를 어려워합니다.

지금까지 자신의 상상의 범위를 한 번도 측정해 본 적이 없거나, 다시 한 번 측정해 보고 싶다면, 다음 퀴즈에 답해 보시기 바랍니다. 이 퀴즈는 예일대학에서 개발된 내용을 포함하여 다양한 측정방법들을 종합한 것이라고 합니다.

	드물게 그렇다 (1)	가끔 그렇다 (2)	흔히 그렇다 (3)
1. 나는 아무렇지도 않게 새빨간 거짓말을 할 수 있다.	☐	☐	☐
2. 나는 영화를 보고 운다.	☐	☐	☐
3. 나는 구름이나 산맥 또는 벽지의 형태를 마음의 눈으로 볼 수 있다.	☐	☐	☐
4. 나는 영화나 소설 재료로써 훌륭한 아이디어들을 떠올리곤 한다.	☐	☐	☐
5. 나는 어떤 이야기를 옮길 때면 재미있게 꾸며서 말하곤 한다.	☐	☐	☐
6. 나는 사막에서 살아남는다거나 복권에 당첨되는 등 극한적인 상황들을 머릿속에 아주 생생하게 그릴 수 있다.	☐	☐	☐
7. 나는 아주 착실한 사람이 모임에 늦으면 가능한 한 사고장면을 떠올린다.	☐	☐	☐
8. 나는 추상화를 즐긴다.	☐	☐	☐
9. 나는 초자연적, 초현실적인 소설이나 이야기책을 즐겨 읽는다.	☐	☐	☐
10. 나는 아주 생생한 꿈을 꾸다 깨고 나면 한 몇 초 동안은 기다려야 현실로 돌아올 수 있다.	☐	☐	☐

상상력이 풍부한 사람일수록 '흔히 그렇다'를 많이 선택하게 됩니다.

- **10~15점** : 당신의 사고방식은 철저히 현실에 바탕을 두고 있습니다. 상황이 어떻게 전개될지 모르게 되면 당신은 실용적이고 현실적인 선택을 하는 편입니다. 그러나 상상의 범위를 조금씩 넓혀 나간다면 당신은 더 많은 혜택을 얻을 수 있습니다. 문예창작이나 미술활동을 해보면 상상의 범위를 넓힐 수 있습니다.

- **16~23점** : 당신의 상상의 범위는 평균적인 수준입니다. 실용성과 창의성 사이의 균형이 딱 잡혀 있습니다. 당신은 아이디어들을 행동으로 옮길 수 있는 능력과 상상의 날개를 펼치는 능력을 모두 겸비하고 있습니다.

- **24~30점** : 당신은 아주 풍부한 상상력의 소유자입니다. 그것은 아주 강력한 무기가 될 수도 있지만, 현실과 동떨어진 생각에 빠질 수 있다는 점을 늘 염두에 두어야 합니다. 당신의 창의력이 펄펄 날고 있는 상태라면, 일상적인 의사결정을 할 때 어떻게든 실리적이고 안정적인 방향을 선택하는 것이 현명할 것입니다.

상상력은 정신의 건강을 지탱하는 초석입니다. 시나리오를 시각화하거나 상상력을 생산적으로 활용하지 못하는 사람은 성격불안이나 신경쇠약에 빠질 가능성이 있습니다.

상상력이 지나치게 풍부한 사람은 현실을 도외시하는 경향이 있기 때문에 무책임한 행동을 하기 쉽습니다. 심리치료사들은 상상력이 풍부한 환자는 치료하기가 쉽다고 말합니다. 상상력이 풍부한 아이는 장난감 자체보다 박스에서 더 큰 즐거움을 얻기도 합니다. 상상력은 삶을 윤택하게 합니다.

내 안에 꿈틀거리는 창조에너지
창의력 지수

창의성과 관련된 한 가지 재미있는 사실은 마음을 편안히 가지고 상상력이 꿈틀거리게 만들면 창의력도 향상된다는 사실입니다. 전문가들은 그렇게 하는 능력을 자아 허용 *ego-permissiveness*이라고 부릅니다. 그런 능력은 예술가들에게서 종종 발견되는데 그들은 영적인 직관이 자기를 지배하도록 잠시 동안 논리적인 생각과 규칙을 잊어버리고, 그렇게 함으로써 비밀스런 혜택을 만끽합니다. 그러나 이런 식의 '규칙 깨기' 놀이는 생각이 굳어진 사람들은 상상도 할 수 없는 일이지요.

당신에게는 상상력을 꿈틀거리게 만드는 능력이 있습니까? 세상의 규칙에서 잠시 벗어나, 내면에 떠다니는 생각들을 마음껏 펼칠 수 있는 능력이 있습니까?

다음의 테스트를 통해서 자신이 얼마나 내면을 풀어 놓을 수 있는지 그 정도를 측정해 보시기 바랍니다. 테스트 하는 방법은 '자아충족 지수'를 측정했을 때와 동일합니다.

1. 나는 최면에 걸리기를 좋아한다. ☐ ☐ ☐

2. 나는 가끔 못 본 것을 본 것으로 착각한다(기시의 환각). ☐ ☐ ☐

3. 나는 구름들이 만들어 내는 모양을 즐겁게 바라보곤 한다. ☐ ☐ ☐

4. 나는 어떤 사물이 변하는 모습을 의도적으로
   집중해서 본 경험이 있다. ☐ ☐ ☐

5. 때때로, 나는 졸면서도 누군가와 이야기를 계속하곤 한다. ☐ ☐ ☐

6. 나는 차를 운전할 때 '고속도로 최면' 에 걸리는 경우가 있다. ☐ ☐ ☐

7. 나는 누군가 내 이름을 불러도 알지 못할 정도로
   집중할 때가 있다. ☐ ☐ ☐

8. 나는 졸거나 자면서 아주 좋은 아이디어를 얻는 경우가 많다. ☐ ☐ ☐

9. 나는 동시에 여러 가지 일을 추진하기를 좋아한다. ☐ ☐ ☐

10. 나는 대체적으로 유머러스한 사람으로 알려져 있다. ☐ ☐ ☐

11. 계획에 없던 일이 생기면 나는 갑자기 활기찬 모습이 된다. ☐ ☐ ☐

12. 나는 미술, 스포츠, 책 등 다방면에 걸쳐 관심이 많은 편이다. ☐ ☐ ☐

• **9~24점** : 당신은 자아를 억압하지 않고 마음껏 창의력을 펼치는 아주 천재적인 사람입니다. 또한 당신은 창의력이 필요한 일을 할 때 행복을 느끼는 사람입니다.

• **5~8점** : 당신은 창의력과 현실감각이 균형을 이루고 있는 사람입니다. 뭔가 창의력이 필요해지면 의식적으로 상상력이 꿈틀대도록 몸과 마음을 편안하게 만들고 "go"를 외쳐보시기 바랍니다.

• 0~4점 : 당신은 창의력을 기르기 위한 노력이 필요합니다. 사물의 순서를 바꿔 보고, 위와 아래를 뒤집어 보고, 안과 밖을 뒤집어 보고, 길거리에 보이는 간판을 거꾸로 읽는 등, 규칙을 깨는 새로운 시도를 할 필요가 있습니다. 매일 보는 광고문구에 다른 말을 덧붙여 보거나 있던 말을 없애 보십시오. 물건을 분해해 보고 다시 조립해 보기도 하십시오. 평소에 당연하게 생각했던 것을 뒤집어 볼수록 당신의 창의력은 기지개를 펼 것입니다.[11]

이 세상에 창의력이 없는 사람은 없습니다. 만약 진실로 창의력이 없다고 한다면 그것은 그 사람이 미리부터 '생각하는 능력'을 지워버렸기 때문입니다. 자신 안에 묻혀 있던 '창조의 싹'을 미리부터 없애 버렸던 탓입니다. 그래서 자신이 어떤 힘을 가지고 있는지 알지도 못한 채 스스로를 '창의력 없는 사람'으로 규정해 버리고 악순환의 길을 계속 걸어 나가는 것이지요. 그러나 잊지 마십시오. 창조의 싹은 절대 죽지 않습니다. 그저 묻혀 있을 뿐입니다. 당신이 물을 주고, 가꿔 주고 사랑어린 눈길로 보살펴 주면 그것은 금방 쑥쑥 자라날 것입니다. 거기서 열리는 열매는 온전히 당신의 것이겠지요.

나에게 가장 소중한
세 가지 요소

제이나*Jana Benally*는 미국 유타 주에 있는 한 고등학교의 배구선수였습니다. 2학년 때 그녀의 배구팀은 유타 주 챔피언십 결승전에 진출했습니다. 게임은 예측불허의 막상막하 시소게임이었습니다. 이쪽에서 스파이크로 한 점을 올리면 저쪽에선 블로킹으로 한 점을 올리는 식이었으며 선수들의 투지와 열기는 최고조에 달했고 응원석은 흥분했습니다. 심판들도 바짝 긴장한 모습이었습니다.

공격수인 제이나는 쉴 새 없이 뛰어올라 줄기찬 스파이크를 쏘아댔지만 상대편의 수비도 만만치가 않았습니다. 온몸은 땀으로 범벅이 하고 사지는 녹초가 되어가고 있었지만 전광판의 점수는 마지막 세트 13대 14로 제이나의 팀이 뒤지고 있었습니다. 공격권은 상대편 것이었고 이번 공격에서 공격권을 따오지 못하면 제이나와 그녀의 동료들은 쓰디 쓴 패배를 맛보아야 하는 상황이었습니다.

심판의 호루라기 소리와 동시에 공이 날아오는 순간 제이나는 눈으로 세터와 신호를 교환하면서 재빨리 위치를 잡으며 날렵하게 뛰어 올랐습니다. 마침딱 좋은 타이밍으로 토스가 연결되었고 제이나는 상대팀 수비수 사이를 날카롭게 파고들면서 있는 힘을 다해 스파이크를 먹였습니다. 그러나 상대 수비수는 놀랍게도 그 공을 살려 자기편 세터에게 연결하는 데 성공했고 상대 세터는 재빨리 몸을 움직여 공을 다시 차 올렸습니다. 제이나는 상대 공격수가 점프하는 동작을 놓치지 않고 공을 다시 막아냈습니다. 퍽 퍽 하는 소리와 함께 호루라기가 울리면서 드디어 공격권이 제이나 팀으로 넘어왔습니다. 응원석에선 함성이 터졌고 그녀의 동료들은 하이파이브를 하며 "함께 가자"라고 외쳤습니다.

그러나 한 가지 문제가 생겼습니다. 그녀가 블로킹을 하는 순간 팔꿈치가 네트에 살짝 닿았던 것입니다. 심판도 보지 못했습니다. 오직 그녀 외엔 그 누구도 네트터치 반칙이라는 사실을 아는 사람은 없었습니다.

그녀는 잠시 멈칫한 후에 네트를 잡아 흔들며 "제가 네트를 건드렸는데요!"라고 말했습니다. 게임보다는 정직을 선택한 것입니다.

제이나의 코치는 무서운 얼굴로 그녀를 노려보며 "잔말 집어 쳐. 심판 판정에 복종해!"라고 외쳤습니다.

그러나 제이나의 얼굴을 유심히 살피던 심판은 결국 "타임아웃"을 외쳤습니다. 그는 자세를 고쳐 잡고는 호루라기를 다시 불어 네트터치 반칙을 알리고는 상대편의 득점을 선언했습니다.

샤워실에서 뜨거운 물로 온 몸을 씻으면서 그녀는 오랫동안 생각에 잠겼습니다. 그녀가 락커룸에서 나왔을 때 체육관은 이미 적막에 싸여 있었습니다. 그녀의 운동화가 텅 빈 마루바닥에 끌리면서 찍찍 소리를 냈습니다. 팀에서는 그녀의 정직한 행동에 대해 칭찬하는 사람도 없었지만 비난하는 사람도 없었습니다. 그녀도 명예보다 정직을 선택한 자신의 행동을 후회하지 않았습니다. 비록 유타 주 챔피언의 영예는 날아갔지만 제이나는 밝게 웃었습니다. 왜냐하면, 내적으로는 자기가 진정한 승리자라는 것을 알았기 때문입니다.

비전 있는 리더는 '무엇이 무엇보다 더 중요하다'는 생각의 체계가 확실한 사람입니다. 모든 선택의 갈림길에서 '무엇을 불변의 기준'으로 삼을 것인지를 아는 사람, 그리고 '최고의 기준으로 삼을 가치'가 무엇인지를 아는 사람입니다. 이러한 가치의 체계가 없으면 우리는 스스로가 원하는 것이 무엇인지 알 수 없습니다. 그렇게 되면 인생의 중대한 갈림길에서 바른 결정을 내릴 수 없습니다. 명예보다 정직을 선택한 제이나의 행동은 가치관의 중요성을 잘 보여주고 있습니다. 큰 믿음을 가지고 창조적으로 일하는 리더들은 흔들리지 않는 가치관의 소유자들입니다.[12]

스스로 자기 내면 깊은 곳에 있는 가치관을 알아내는 데는 세 가지 방법이 있습니다. 자신의 가치관을 알게 되는 가장 흔한 형태는 그것이 무너졌을 때입니다. 무언가 당신을 불편하게 하고, 엉망으로 만들고, 조화롭지 못하게 하는 일이 일어나면 당신은 가치노출 value present을 경험하게 됩니다. 어떤 사람이 당신을 업신 여기거나 무례하게 굴어서 분노하게 만든다면 당신이 느끼는 분노는 타인과의 관계에서 존경스럽게 취급받아야 한다는 생각, 즉 존경이라고 하는 당신의 가치관에서 나오는 깃입니다. 당신이 만약 며칠 후로 다가오고 있는 논문 발표 때문에 신경이 예민해져 있다면, 그 근심의 뿌리는 우수성이라고 하는 당신의 가치관입니다.

자신의 가치관을 알게 되는 두번째 형태는 당신이 소중히 여기는 가치들을 충족시키는 사건이 발생했을 때입니다. 비록 유타 주 챔피언의 영예는 날아갔지만 내적으로는 자기가 진정한 승리자라는 것을 알았기 때문에 제이나의 경험은 그녀의 가치관을 확고하게 새긴 이정표나 다름없습니다. 가치관이라고 하는 것은 당신으로 하여금 무엇이 당신에게 중요한지를 알게 하는 느낌들의 집합체입니다.

자신의 가치관이 무엇인지를 알게 되는 세번째 형태는 의식적인 심연

탐험입니다. 깊은 명상을 통하여, 누구나 자기 심연의 가치관이 무엇인지 느끼고 발견할 수 있습니다. 당신의 가치관이 무엇인지를 알고 난 후에 다음으로 할 일은 그것들을 실제의 삶에서 이루는 일입니다. 당신의 삶에 있어서 으뜸이 되는 가치는 무엇입니까?

Self Talk   나의 의식 깊은 곳에 자리 잡고 있는 '세상에서 가장 으뜸이 되는 가치' 라고 생각되는 것들을 순서대로 나열해 보면 아래와 같다. 나는 내가 정한 첫번째 가치를 완전히 이루고 난 다음에 두번째 가치를 이루고, 그것을 이루고 난 후에 또다시 세번째 가치를 이루는 방식으로 살아갈 것이다.

첫번째 가치 --

두번째 가치 --

세번째 가치 --

*아래의 예를 참조해 보세요

1_ 삶의 의미를 달관하는 통찰력(지혜)

2_ 고통 받는 사람들을 위로해 주고 돕고자 함(봉사)

3_ 이상을 추구하기 위한 자기통제(비전)

4_ 인정과 우애가 있는 대인관계(우정)

5_ 차별과 편견, 그리고 불의가 없는 세상을 만드는 일(정의)

6_ 가족간의 사랑과 신뢰를 지켜가는 일(가족)

7_ 내가 속해 있는 집단을 올바른 방향으로 이끄는 힘(리더십)

8_ 질병 없이 활기차게 오래 사는 것(건강)

9_ 인간과 사물에 대한 진지한 탐구와 온전한 이해(지식)

10_ 영적인 교통이 끊어지지 않는 삶(영성)

11_ 사리와 선악을 분별하는 슬기(지혜)

12_ 소중한 것들을 흔들림 없이 지켜가는 삶(안정)

13_ 어려움을 극복하고 과제를 해결하는 적극적인 행동(성취)

14_ 선한 사업에 힘을 보태줄 수 있는 물질적 여유(경제력)

15_ 많은 사람들의 존경과 칭송을 받음(명예)

16_ 사회를 통제하며 다스리는 힘(권력)

17_ 정성스럽고 참된 태도로 살아감(성실)

18_ 한 가지 일에 통달하여 인류에게 유익을 줌(전문성)

19_ 거짓이나 꾸밈이 없이 진실하게 사는 삶(정직)

20_ 힘 앞에 굴하지 않는 굳센 기운(용기)

21_ 새로운 생각이나 의견을 내 놓음으로써 많은 사람에게 유익을 줌(창의성)

22_ 인종이나 국경을 넘어 인간을 아끼고 하나님의 복음을 전하는 일(보편적 사랑)

23_ 아무도 손대지 않은 새로운 분야를 닦아 나가는 일(개척)

24_ 어려운 과제에 정면으로 부딪히는 힘(도전)

25_ 자신에게 만족하며 사는 삶(자존감)

나를 나답게 만든 사건들

한국전쟁이 한창이던 1951년 1월, 중국군의 침공으로 모든 사람들이 또다시 피난길에 오르고 있었습니다. 서울 시내는 피난길을 떠나는 사람들로 아수라장이 되었고, 사람들은 한시라도 빨리 안전한 지역으로 가기 위해 발길을 재촉하고 있었습니다. 그런데 그 어지러운 상황 속에서도 한 사나이가 가방을 든 채 은행으로 바삐 들어가고 있었습니다.

"여기 빌린 돈을 갚으러 왔습니다."

사나이가 서류 가방을 열면서 말했습니다.

"빌린 돈을 갚겠다고요? 지금 이 난리 통에? 높은 분들은 모두 부산으로 떠났어요. 대출 장부가 어디 있는지도 모릅니다. 장부의 일부는 부산으로 보냈고, 일부는 분실됐습니다. 돈을 빌려간 사람들도 이제는 돈을 갚지 않습니다. 당신의 대출 장부도 분실됐을 게 틀림없어요."

사나이는 잠시 어떻게 할까 망설였습니다.

'지금 내가 빚을 갚아도 그 돈이 이 사람들의 주머니에 들어가지 않는다는 보장이 없지 않은가?'

그러나 그는 여러 가지 생각을 거듭한 끝에 기어이 빚을 갚기로 결심했습니다. 사나이는 은행원들에게 빚을 갚겠다고 말하고는 그 대신 영수증에 그 은행원들의 도장을 찍을 것을 청했습니다.

얼마 후 또다시 급하게 융자가 필요해진 그는 부산으로 잠시 자리를 옮긴 은행 본점을 찾았습니다. 그러나 전쟁이라는 특수한 상황 때문에 대출 신청은 거절당하고 말았습니다. 그는 대출받기를 포기한 채 은행 문을 나서다가 문득, 자신이 서울에서 갚은 빚이 잘 정리됐는지 알아봐야겠다는 생각이 들었습니다. 그래서 예전에 받은 영수증을 꺼내서 대출 담당 과장에게 보여 주었습니다.

그런데 이 한 장의 영수증이 모든 상황을 바꾸어 놓았습니다. 그는 이 영수증으로 자신의 신용을 증명할 수 있었고, 그렇게 해서 융자를 대출받을 수 있었던 것입니다. 그는 대출받은 자금과 신용을 바탕으로 몇 가지 사업을 성공적으로 이뤄 냈고, 그것을 통해 자본을 축적할 수 있었습니다. 그리고 그것을 바탕으로 한국유리 주식회사를 설립했습니다.

'정직함'으로 크나 큰 일을 해낸 '그'는 바로 한국유리 주식회사의 설립자 '최태섭' 회장입니다. 그를 사업가로 다시 일어서게 만든 자본은 바로 이렇게 축적된 것이지요. 그 은행거래의 경험은 그에게 '오직 정직한 지갑만이 억만 금을 다스리는 힘의 원천이 된다'라는 믿음을 심어줬습니다. 그는 고비마다 바로 그 믿음에 따라 선택을 하였고, 그것은 그에게 언제나 최선의 선택을 했다는 느낌을 안겨 주었습니다. 그리고 실제로 그는 이러한 지침에 따라 행동함으로써 자신과 세상을 옳은 방향으로 이끌어 갈 수 있었습니다.[13]

기독실업인의 목표는 돈을 버는 것이어서는 안 됩니다. 왜냐하면 우리는 아무것도 소유할 수 없기 때문입니다. 하나님의 소유권만이 절대적입니다. 인간은 그분의 청지기일 뿐입니다. - 최태섭

Self Talk　　　나에게도 '나만의 신념을 발견하게 한 사건' 이 있다. 어린 시절부터 지금까지 내게 일어난 일 혹은 내가 해낸 일 중에서 나의 영혼 깊은 곳에 간직되어 '나는 이런 사람이다' 라는 신념을 불어 넣어 준 사건이 있다. 나에게 있어서 최태섭 회장의 '은행거래' 와 같은 사건은 다음과 같다.

(1) _____

(2) _____

(3) _____

* 아래의 예를 참조해 보세요

1_ 지난 3년 동안 수입의 1%를 이웃돕기에 내놓은 일

2_ 남들이 모르는 것을 알아내서 알려줌으로써 모두에게 큰 도움이 된 일

3_ 남몰래 사회봉사를 해서 소외된 이웃들의 상처를 어루만져 준 일

4_ 말수가 적고 자부심이 강한 친구에게 다가가서 서로 친해진 일

5_ 컨닝의 유혹을 뿌리치고 정당하게 시험을 봐서 점수는 낮았지만 마음은 기뻤던 일

6_ 신선한 아이디어를 제안해서 중요한 행사가 성공적으로 끝난 일

7_ 어려움에 빠진 친구를 위해 비밀통장을 건네자, 친구가 진심으로 고마워 한 일

8_ 학업을 중단하고 병실을 지켜 어머니의 건강을 회복시킨 일

9_ 자신 없었던 일을 피하지 않고 정면 도전해서 훌륭하게 해낸 일

10_ 오해를 받았지만 친구를 위해 그냥 덮어둔 일

11_ 용돈을 절약하고 저축하여 해외선교 헌금을 낸 일

12_ 정직하게 말해서 손해보고 벌까지 받았지만 마음의 부담을 깨끗하게 털어
낸 일

13_ 동아리 활동을 통해서 진정한 친구들을 만난 일

14_ 복잡한 수학문제를 끈기 있게 풀어서 결국 답을 알아낸 일

15_ 많은 사람들이 그냥 지나쳐 버린 쓰레기를 치워서 내 마음이 밝아진 일

16_ 남들의 비웃음에도 불구하고 노력해서 어떤 악기의 명연주자가 된 일

17_ 한자자격 시험에서 계속 떨어졌지만 실망하지 않고 끝내 자격증을 딴 일

18_ 친구가 힘들어 할 때 옆에서 고민을 들어준 일

19_ 여러 양로원을 방문하여 청소를 해준 일

20_ 남들이 알아주는 일보다 내가 원하는 일을 선택해서 더 좋은 결과를 창출
한 일

나의 100가지 소원

캐나다의 자기경영 코치인 케빈 맥도널드*Kevin MacDonald*는 이 책의 서두에 소개된 풋볼 코치 루 홀츠의 107가지 목표에 흠뻑 빠졌습니다. 그는 루 홀츠가 했던 방법을 그대로 따라해 본 소감을 다음과 같이 말하고 있습니다.

"나는 2000년 3월 6일에 루 홀츠의 방법대로 목표들을 적었다. 그러자 정말 놀랍게도 내가 적은 목표들이 현실이 되기 시작했다. 더욱 놀라운 것은 그동안 스스로의 마음속에 그어 두었던 한계선을 버리고, 하고 싶고, 가지고 싶고, 되고 싶은 것들에 집중하니 만년필 끝에서 한없는 아이디어들이 쏟아져 나오기 시작했다는 것이다. 나는 매년 1월 1일이 되면 정기적으로, 또 특별한 영감이 떠오를 때면 일년 중 아무 때나 그 목표들을 다시 점검한다."

그는 자신의 고객들에게도 똑같은 방법을 권하고 있습니다. 케빈의 코치를 받아 루 홀츠의 방법을 적용한 사람들은 다음과 같은 소원들을 성취했다고 합니다.

- 호젓한 바닷가의 저택
- 뉴욕 여행
- 우주선 발사 현장의 귀빈석
- 구리빛을 띤 근육질 몸
- 상류사회로의 진입

- 좀더 자상한 아버지
- 기업 리더들과의 만찬
- 저서 출간
- 불우이웃을 위한 자선 사업
- 두 배의 수입[14]

저가 내게 간구하리니 내가 응답하리라(시편 91장 15절).

Self Talk 나에게도 반드시 가져보고 싶고 해보고 싶고, 되어보고 싶은 100가지 소원이 있다. 내 마음의 목표, 평생의 기도제목은 아래와 같다. 이 소원들은 내가 진심으로 간절하게 바라는 것들이다. 여기에 적은 소원들이 하나씩 성취될 때마다 나는 그것들을 하나씩 지워갈 것이다. 성취된 소원들을 차례로 지워나가는 일, 이제부터 그것은 내 삶의 최고의 즐거움이 될 것이다.

(1) _____

(2) _____

(3) _____

(4) _____

(5) _____

(6) _____

(7) _____

(8) _____

(9) _____

(10) _____

(11) _____

(12) _____

(13) _____

(14) _____

(15) _____

(16) _____

(17) _____

(18) _____

(19) _____

(20) _____

(21) _____

(22) _____

(23) _____

(24) _____

(25) _____

(26) _____

(27)

(28)

(29)

(30)

(31)

(32)

(33)

(34)

(35)

(36)

(37)

(38)

(39)

(40)

(41)

(42)

(43)

(44)

(45)

(46)

(47)

(48)

(49)

(50)

(51)

(52)

(53)

(54)

(55)

(56)

(57)

(58)

(59)

(60)

(61)

(62)

(63)

(64)

(65)

(66)

(67)

(68)

(69)

(70)

(71)

(72)

(73)

(74)

(75)

(76)

(77)

(78)

(79)

(80)

(81)

(82)

(83)

(84)

(85)

(86)

(87)

(88)

(89)

(90)

(91)

(92)

(93)

(94)

(95)

(96)

(97)

(98)

(99)

(100)

비전,
그 신비로운 빛을
향하여

Part Two

세상에서 가장 안타까운 사람은
볼 수 있는데도 비전을 갖지 못한 사람이다.

– 헬렌 켈러

● 　호박벌은 정말로 열심히 사는 녀석입니다. 세상에 그 녀석만큼이나 일찍 일어나고 늦게 자는 친구는 찾아보기 어렵습니다. 꿀을 따 모으기 위해 1주일에 1,600km를 날아다닙니다. 그러나 호박벌은 사실상 날 수 없게 창조되어 있습니다. 몸은 너무 크고 뚱뚱한데 날개는 지나치게 작고 가볍습니다. 공기 역학적으로 봤을 때 날 수 있는 형태가 아닙니다. 날기는커녕 공중에 떠 있는 것 자체가 불가능합니다.

그런데 어떻게 그 엄청난 거리를 날 수 있을까요?
불가능을 가능으로 바꿔놓은 비결은 무엇일까요?

호박벌은 자신이 날 수 없게 창조되었다는 사실을 모릅니다. 또한 자신이 날 수 없는 이유에 대해서도 전혀 관심이 없습니다. 다만, 날기로 작정했을 뿐입니다. 그리고 아주 열심히 날아서 꿀을 따 모을 뿐입니다.[15] 세상의 주인공은 잘난 사람이 아닙니다. 무엇을 해야 하는지를 아는 사람, 날기로 작정한 사람입니다.

2부를 더 재미있고 의미 있게 활용하는 방법

당신은 지금까지 거울 앞에서 자신의 현재 모습을 꼼꼼히 살펴봤습니다. 어디서 출발해서 어디까지 와 있는지를 되돌아보며 현재 상태를 점검했습니다. 기질 테스트, 나를 나답게 만든 사건들, 100가지 소원 등을 통해 당신이 따 모아야 할 꿀은 어떤 종류이며, 그것은 어디에 있고 또한 얼마만큼을 따 모아야 하는지를 가늠해 보았습니다.
이제 당신은 사명과 비전의 나라를 찾아가야 합니다. 사명은 가장 소중한 가치를 구현하기 위해서 당신이 일생에 걸쳐서 이룩해야 하는 하나님의 명령을 말합니다. 그리고 비전은 사명을 이루어 가고 있는 당신의 미래 모습입니다. 이들은 당신이 진정으로 원하는 것을 알게 해 주고, 찾게 해 줍니다. 그래서 사명과 비전을 지니고 있는 사람은 살아가면서 절대로 안개 속을 헤매이지 않습니다. 확고한 이정표를 따라서 하나님이 원하시는 방향으로 나아갈 뿐입니다. 삶에 의미를 부여해 주며, 삶을 풍요롭게 해 주는 신비로운 빛과 북소리, 생명의 에너지를 샘솟게 하는 특별한 일약이 바로 사명과 비전입니다.

방금 당신도 사명과 비전의 나라를 향해 걸음을 옮겼습니다. 그리고 지금은 첫번째 고갯마루에 서 있습니다. 고성능 망원경을 들고 당신이 나아갈 방향과 보일 듯 말 듯 엎드려 있는 여러 갈래의 길들을 살펴보고 있습니다. 멀리 바라다 보이는 그 길은 아득하고 고생스러워 보일 수도 있습니다. 그러나 실제로 여행을 시작해 보면 상쾌한 바람, 계곡의 물소리와 새소리가 만들어 내는 절묘한 화음, 오며 가며 만나는 사람들과의 우정, 그리고 기도에 다다를 때마다 하나님의 인도하심을 체험하게 될 것입니다.

결단의 시간이 임박했습니다. 호박벌처럼 당신도 날아오를 것을 결심해야 합니다. 당신의 몸집이 얼마나 큰지, 몸집에 비해 날개가 어울리는지는 관심을 두지 말아야 합니다. 오직 어느 방향으로 얼마나 멀리 날 것인가, 도달해야 할 최종 목표지점과 마음속의 목표에만 집중해야 합니다. 당신은 갈 수 있습니다. 하나님이 함께 하시기 때문에.

특히 이번 파트에서는 더욱 진지하게 기도하며 각 장의 주제에 따라 문장을 작성해야 합니다. 모든 문장이 후에 당신의 사명에 영향을 주고, 사명 안에 포함될 내용이기 때문에, 주제를 잘 생각해 본 다음 마음속 깊은 곳에서 흘러나오는 하나님의 목소리를 듣고 문장을 작성하도록 합시다.

내가 본 지구촌의 핫이슈

세계는 지금 제각기 다른 방향으로 불규칙하게 움직이고 있습니다. 전례 없는 급격하고도 불연속적인 변화가 일상화되고 있습니다. 사람들은 이 시대를 '정보의 시대'라고 말하지만 지구촌의 역사가 어느 방향으로 움직이고 있는지를 확실히 아는 사람은 아무도 없습니다.

세계 도처에서 정치지도자, 대학총장, 거대한 다국적 기업의 CEO들, 그리고 저명한 각계각층 우두머리들의 이름이 성문제, 돈문제로 인해 빛을 잃어가고 있습니다. 폭발적인 인기를 모으는 스타군단은 즐비하지만 다음 세기 지구촌을 책임질 만한 참된 지도자, 선한 목자는 세계 어디에서도 찾아보기 힘들게 되었습니다.

IT, BT, ET, MT, ST 등의 기술이 발전할수록 인간은 풍요롭고 행복해져야 합니다. 그러나 현실은 다릅니다. 지구촌은 전보다 더 많은 문제와 고민에 빠져 들고 있습니다. 오히려 더욱 심각한 불확실성 가운데 살고 있습니다. 교회는 점점 왜소해지고 어두운 곳은 점점 더 많아지고 있습니다. 세계은행의 유럽 부총재를 지낸 리샤드 *J. F. Rischard*는 오늘날 인류가

해결해야 할 가장 중요하고 시급한 20대 과제를 다음과 같이 요약하고 있습니다.[12]

1. 지구온난화
2. 생물 다양성의 감소와 생대계의 파괴
3. 해양 어족자원의 고갈
4. 숲의 파괴
5. 물 부족
6. 해양재해와 오염
7. 빈곤
8. 전쟁과 테러
9. 부족한 교육의 기회
10. 전염병의 세계적 확산
11. 디지털 시대를 따라가지 못하는 사람들
12. 자연재해
13. 지적 재산권 분쟁
14. 국제노동과 비합리적인 이민제도
15. 불법적인 약물
16. 생명공학의 비윤리성
17. 시대에 뒤처진 무역, 투자, 경쟁 규칙
18. 시대에 뒤처진 금융체계
19. 전자상거래의 비합리적인 규칙
20. 시대에 뒤처진 세금제도

위의 과제 중 어느 것 하나 중요하지 않은 것이 없습니다. 모두 하루 빨리 해결해야 하는 것들입니다. 하지만 위에 적혀 있는 것만이 지구촌 가족이 해결해야 할 과제의 전부는 아닐 것입니다. 훨씬 더 많은 과제들이 해결의 손길을 기다리며 그대로 쌓여가고 있을지도 모릅니다.

Self Talk   그렇다. 지구촌의 20대 과제 중에서 특별히 마음 가는 것이 있다. 위의 20개 중에는 빠져 있지만 내가 보기에 더욱 중요하다고 생각되는 과제, 평소에 항상 관심을 가지고 있었던 과제가 있다. 만약 내게 기회가 온다면, 나에게 티끌만한 힘이라도 생긴다면, 기꺼이 그 힘을 보태서 해결해 보고 싶은 과제가 있다. 내가 생각하고 있었던, 현재 인류가 해결해야 할 가장 심각하고 시급한 5대 과제를 중요도에 따라 순서대로 적어 보면 다음과 같다.

지구촌 가족의 첫번째 과제 ---------------------------------

지구촌 가족의 두번째 과제 ---------------------------------

지구촌 가족의 세번째 과제 ---------------------------------

지구촌 가족의 네번째 과제 ---------------------------------

지구촌 가족의 다섯번째 과제

내 삶의 목적,
내가 만들어 가야 할 세상

메리 베튠*Marry Bethune*은 1875년 미국 남부 캐롤라이나 주에서 노예 부부의 딸로 태어났습니다. 그녀가 열네 살때 일어난 일입니다. 베튠이 주인집 거실에서 책을 한 권 집어 들었을 때였습니다. 누군가가 "내려놓아라. 읽지도 못하는 주제에…"라고 소리치는 것이 아닙니까. 그때 그녀는 바로 그것이 흑인 아이들과 백인 아이들을 구분시키는 근본적인 요소라는 것을 본능적으로 알게 됐습니다. 그래서 그녀는 '읽는 것을 배워야 겠다'고 결심했습니다.

그리고 때마침 집에서 8km 떨어진 곳에 흑인도 다닐 수 있는 학교가 생겼습니다. 그녀는 그곳에서 열심히 공부했습니다. 곧이어 덴버 시에도 흑인이 공부할 수 있는 교육기관이 생겼고, 베튠은 그곳에서도 공부했습니다. 급기야 그녀는 시카고에 있는 무디 성경학교*Moody Bible Institute*에 입학하기로 마음먹었고, 얼마간의 시간이 흐른 후 그곳에서 정식으로 졸업장을 받게 되었습니다.

그 후 그녀는 흑인 소녀들을 가르치는 학교를 직접 설립하기 위해 플로리다 주로 달려갔습니다. 그러나 월세 11달러짜리 2층 건물을 계약하려고 했을 때, 그녀가 가지고 있었던 전 재산은 1달러 50센트뿐이었습니다. 그럼에도 불구하고, 주인은 그녀에게 왠지 모를 신뢰감을 느꼈고, 그 느낌을 믿고 그녀에게 건물을 빌려주었습니다. 베튠은 학생들을 맞이하기 위해 건물을 열심히 쓸고 닦았으며 헌 가구들을 모아서 교실을 정돈했습니다. 그리고 드디어 대망의 개교 첫날이 되었습니다. 그러나 수업을 받으러 온 학생은 5명의 흑인 소녀들뿐이었습니다.

베튠은 소녀들을 위해 온갖 사랑의 수고를 마다하지 않았습니다. 개교 50주년이 됐을 때, 2층짜리 낡고 초라하던 건물은 36에이커의 캠퍼스에 우뚝 솟아 있는 19개의 빌딩으로 변해 있었으며, 다섯 명에 불과하던 학생 수는 1,300명으로 불어나 있었습니다. 지금도 수천 명의 소녀들이 그 학교, 베튠대학 *Bethune Cookman College*에서 교육의 혜택을 입어 밝고 희망찬 삶을 맛보고 있습니다.[17]

베튠은 흑인도 교육받을 수 있는 세상을 만들고 싶어 했습니다. 마틴루터 킹은 사람이 피부색이 아닌 인격에 의해 평가되는 세상을 만들고자 일생을 바쳤습니다. 방정환은 어린이들의 인격이 존중받는 사회를 그리고 세종대왕은 글을 읽지 못하는 백성이 없는 세상을 만들고자 노력했습니다. 당신이 만들고 싶은 세상은 어떤 세상입니까?

Self Talk   나는 다음의 문장을 봤을 때 왠지 코끝이 찡해지고 주먹을 부르르 쥐게 되며 온몸에 전율을 느낄 수 있다. 내가 이미 기록해 둔 나의 가치관(64쪽)과 지구촌 가족의 가장 시급한 과제(83쪽)를 종합해볼 때, 내 삶의 목적, 최종도착지점, 내가 만들고 싶고 또한 만들어 가야 할 세상은 ＿＿＿＿＿＿＿＿＿

＿＿＿＿＿＿＿＿＿＿＿＿＿＿＿＿＿＿＿＿＿＿＿＿＿＿＿＿＿

＿＿＿＿＿＿＿＿＿＿＿＿＿＿＿＿＿＿＿＿＿＿＿이다.

* 아래의 예를 참조해 보세요

1_ 성공보다 정직, 용기, 관용이 더 중요시되는 세상

2_ 지치고 힘겨워하는 사람들을 위한 쉼터가 있는 세상

3_ 신체적 장애가 따돌림의 이유가 되지 않는 세상

4_ 상처받은 청소년이 낙오하지 않게 돕는 세상

5_ 정직하게 땀 흘려 일하는 사람들이 더 잘 사는 세상

6_ 전쟁으로 인해 상처받은 사람들을 따뜻이 돌보는 세상

7_ 노년층도 능력을 발휘할 기회가 있는 세상

8_ 서로 다른 문화들이 아름다운 조화를 이루는 세상

9_ 종교적 갈등으로 인한 증오가 없는 세상

10_ 돈이 없어서 치료를 받지 못하는 사람이 없는 세상

12_ 과학자들이 제대로 대접받는 세상

13_ 소득의 증가보다 생태계의 보존이 더 중시되는 세상

14_ 불로소득이 용납되지 않는 정의로운 세상

15_ 이웃간의 신뢰와 사랑, 웃음이 넘치는 세상

16_ 강대국의 횡포로 인해 약소민족이 고통 받지 않는 세상

17_ 서로 도와가며 빈부격차를 없애는 세상

18_ 권력이 돈을 버는 수단이 되지 않는 세상

19_ 다국적 기업들이 횡포를 부리지 않는 세상

20_ 인종적 우월의식이나 차별이 없는 세상

21_ 세대간의 갈등을 지혜롭게 극복하는 세상

운명을 암시해 주는
마법의 문장

지금까지 당신은 이 워크북을 작성하면서 앞으로 펼쳐질 삶의 무수한 영상들을 눈앞에 그려 봤을 것입니다. 당신이 일생 동안 창조해낼 수 있는 다양한 영상들을 보면서, 당신은 한 편의 아름답고 역동적인 영화를 보는 듯했을 것입니다. 그 속에는 당신의 심장을 뛰게 하고, 당신을 흥분시키는 영광의 장면들도 분명히 있었을 것입니다. 당신은 그 영상들을 꼭 붙들고 싶을 것입니다. 꼭 붙들어서 자신의 것으로 만들고 싶을 것입니다. 그대로 흘러가게 내버려 두고 싶지 않을 것입니다. 그것은 바로 당신의 삶이기 때문입니다. 당신의 의식 속에 혹은 무의식 속에 묻혀져 있던 당신의 꿈들이기 때문입니다.

당신은 이미 앞에서 '만들고 싶은 세상(85쪽 참고)'과 '꿈꿔왔던 모습(34쪽 참고)'을 적어봤습니다. 이제는 그 두 가지를 종합해서 당신의 정체성을 분명히 드러내 주는 '마법의 문장'을 완성해 보십시오.

Self Talk

영화의 주인공인 '나'는 어떤 사람인가. 어떤 사람으로 묘사되어 있는가? 가난해서 치료를 받지 못하는 사람들의 버팀목인가? 아이들의 꿈을 키워주는 소리 없는 봉사자인가?

그 영상 속의 '나'는 무엇을 하고 싶어 하는가? 또 그것을 하기 위해 어니로 가고 있는가?

음악과의 사랑에 빠졌는가? 디자인 세계의 매력에 이끌려 미칠듯이 그것을 사랑하게 됐는가? 신개념 치료 요리 개발에 모든 것을 바치려고 결심했는가? 지금까지의 생각을 정리해 보면 아래와 같다.

나는 _____ 이다. 나는 _____ 와(과)의 사랑에 빠졌다.

나는 _____

_____ 를(을) 하는 일에 나의 일생을 투자한다.

*아래의 예를 참조해 보세요

1_ 스필버그 : 나는 세계적인 이야기꾼이다. 나는 영화와의 사랑에 빠졌다. 나는 사람들을 인격적으로 성숙시키고 세상에 휴머니즘을 뿌리는 이야기들을 들려주는 일에 나의 일생을 투자한다.[18]

2_ 메리 베튠 : 나는 흑인 교육의 역군이다. 나는 교실과 사랑에 빠졌다. 나는 흑인 여성이 진정한 자유를 누릴 수 있도록 그들을 위해 헌신한다.[19]

3_ 이원설 : 나는 하나님의 미소를 본 하나님의 도구다.[20]

4_ 래리 멜론 : 나는 아메리카의 슈바이처다. 나는 환자들과 사랑에 빠졌다. 나는 질병을 퇴치하는 데 나의 일생을 투자한다.[21]

5_ 아이다 스커더 : 나는 산모들의 낙원이다. 나는 인도여인들과 사랑에 빠졌다. 나는 적어도 인도 땅에서만큼은 의사를 만나지 못해 죽어 가는 산모가 없게 할 것이다.[22]

6_ 최태섭 : 나는 신실한 청지기다. 나는 신용과 사랑에 빠졌다. 나는 정직한 지갑으로 억만 금을 다스리는 지혜와 리더십을 보여 줄 것이다.[23]

7_ 로이드 슈 : 나는 제3세계 청소년의 지팡이다. 나는 불우한 청소년들과 사랑에 빠졌다. 나는 인종과 국경에 구애받지 않고 청소년들을 끝까지 섬길 것이다.[24]

8_ 수잔 벗쳐 : 나는 야생동물들의 연인이다. 나는 썰매와 사랑에 빠졌다. 나는 동물들을 보살피고 그들과 함께 눈 덮인 산야를 마음껏 달리는 일에 나의 일생을 투자한다.[25]

세상을 헤쳐 나가는
나만의 비밀 무기

한 사나이가 마법의 돌에 대한 정보를 얻었습니다. 마법의 돌은 쇠붙이를 순금으로 변화시킬 수 있는 조그마한 수정입니다. 기록에는 그 돌이 흑해 해변에, 그것과 아주 비슷하게 생긴 수많은 자갈들 속에 있다고 적혀 있습니다. 그 무수한 자갈들 속에서 마법의 돌을 골라내는 비법은 단 한가지였습니다. 바로 돌의 온도를 알아보는 것이었습니다. 마법의 돌은 손에 쥐었을 때 따스하게 느껴지지만 보통의 자갈은 차갑게 느껴진다는 것이 비밀의 열쇠였습니다.

사나이는 모든 소유물을 팔아서 음식을 마련하고는 흑해의 바닷가에 캠프를 쳤습니다. 그리고는 자갈들을 하나하나 조사하기 시작했습니다. 그는 조약돌을 집어서 돌의 온도를 살피고 만약 그 돌이 차갑게 느껴지면 그대로 바다에 던져 버렸습니다. 그는 온종일 그렇게 하면서 시간을 보냈습니다. 조약돌을 집어서 바다에 던지는 일을 지칠 줄 모르고 계속했습니다.

그리고 그럭저럭 삼 년이 흘렀습니다. 그러던 어느 날 아침이었습니다. 늘 하던 대로 하나의 조약돌을 집어서 바다에 던지는 순간, 그는 어떤 이상한 기운을 느꼈습니다. 그 돌이 다른 돌과는 달리 따뜻하게 느껴졌던 것입니다. 그는 그 돌이 손에서 떠나는 바로 그 순간에 "아차, 이 돌은 왜 이렇게 따뜻하지?"라고 생각했지만 이미 때는 늦었습니다. 삼 년을 하루같이 자갈을 바다에 던지는 동안, 어느새 그 행동이 습관처럼 그의 몸에 배어버린 것입니다. 그리고 그는 그 습관으로 인해 그가 원했던 것이 손에 쥐어졌음에도 불구하고 그대로 바다에 던져버리고 말았습니다.

당신도 마법의 돌과 같은 천부적인 재능을 가지고 있으면서도 여태 그 능력을 깨닫지 못하고 있지는 않습니까? 당신은 그 재능을 발휘할 수 있는 기회가 여러 번 주어졌음에도 불구하고 깨닫지 못해서 혹은 잘못된 습관으로 그대로 던져버리지는 않았습니까?

Self Talk 지금까지 이 워크북에 쓴 내용, 내게 일어난 감동적이고 자랑스러운 일들, 내가 진심으로 감사드려야 할 일들을 생각해 봤을 때, 나에게는 이 세상 어느 누구도 흉내 낼 수 없는 독특한 재능과 장점들이 있음이 분명하다. 나의 재능과 장점들은 '바라는 내 모습'과 '현실 속의 내 모습'을 만드는 데 큰 역할을 할 것이다. 그리고 그것들은 나의 모습을 유지하고 성장시켜 나가는 데 더욱 중요한 역할을 할 것이다. 그리고 지금부터 내가 가장 소중하게 생각하는 가치를 실현하고 보람과 긍지를 지켜나가기 위해서는 내가 타고난 재능과 장점을 최대한 동원해야 한다.

내가 동원할 수 있는 재능과 장점, 돈을 벌고 능력을 인정받고 사회에 공헌하는 데 사용할 수 있는 나만의 비밀무기, 그것을 단련시키고 있을 때는 아무 것도 생각나지 않을 정도로 나를 무아지경 속에 빠뜨리는 것은 다음과 같은 것들이다.

(1) _____

(2) _____

(3) _____

*아래의 예를 참조해 보세요

1_ 말을 요령 있게 잘 간추려서 표현하는 기술(언어적 능력)

2_ 타고난 문필가적 감각(문필력)

3_ 다른 사람들이 생각하지 못하는 것을 생각해내는 능력(창의력)

4_ 핵심을 순식간에 파악하는 능력(판단력)

5_ 계산을 빠르고 정확하게 하는 능력(수리력)

6_ 몸을 날쌔게 움직여 남을 앞지르는 힘(운동감각)

7_ 사물의 생김새를 잘 구분하고 구상화하는 공간능력(공간능력)

8_ 단어나 기호, 수, 이름 등을 잘 기억하는 능력(기억력)

9_ 비슷한 점이나 다른 점을 파악하여 서로 관련짓거나 통합해내는 기술(사고력)

10_ 일련의 사건이나 사실들로부터 일반적인 결론을 끌어내는 기술(논리력)

11_ 다른 사람과 어울리고 쉽게 친해지는 능력(친화력)

12_ 다른 사람을 설득하여 그들의 협력을 이끌어 내는 능력(설득력)

13_ 전문적인 기술을 빠르고 정확하게 배우는 능력(기술력)

14_ 타고난 음악적 감각(음악성)

15_ 현실에 바탕을 두고 기술과 힘의 조화를 도모하는 균형감각(균형감각)

16_ 사고와 이해를 중시하는 탐구적 성격(탐구력)

17_ 원리와 원칙을 중요시하며 자기를 조절하는 능력(리더십)

18_ 스스로 노력하는 태도(성실성)

19_ 미지의 세계로 과감하게 나아가는 적극적이고 진취적인 성향(도전성)

20_ 이야기를 들어주고 적절한 충고를 해 주어서, 신뢰감을 주는 태도(신뢰성)

21_ 한번 결심한 것은 꼭 해내는 행동력과 인내심(추진력)

22_ 몸짓이나 표정 등으로 생각을 전달하는 연기력(연기력)

23_ 기계나 도구를 조작하여 뭔가를 만들어 내는 일(장인기질)

24_ 타고난 미술적 감각과 기량(미술성)

25_ 냄새, 형태, 맛, 촉감, 등에 대한 예리한 감각(감수성)

26_ 상대방의 심리를 잘 파악하여 즐겁게 해 주는 능력(사교력)

27_ 새로운 아이디어를 떠올리는 능력(창의력)

28_ 사실이나 실체가 없는 것을 듣고 보고 냄새 맡는 능력(상상력)

29_ 환경의 변화에 따라 자신을 변화시키는 능력(적응력)

30_ 조직을 몰아서 거느리는 능력(통솔력)

내가 하고 싶은 일,
해야 하는 일, 잘할 수 있는 일

사회생활을 처음 시작하는 1,500명의 중산층 사람들에게 직업과 직장을 선택하는 기준이 무엇이냐고 물어보았습니다. 그랬더니 전체의 83%인 1,245명이 '많은 봉급과 빠른 승진'이라고 대답했고, 전체의 17%인 255명만이 '자기에게 가장 소중한 일'이 그 기준이라고 대답했습니다.

그로부터 20년 후, 질문을 받았던 1,500명 가운데서 101명의 백만장자가 나왔습니다. 그런데 101명의 백만장자 가운데 단 한 명을 뺀 나머지 100명은, 20년 전 직업과 직장의 기준으로 자신에게 가장 소중한 일을 선택한 사람들이었다고 합니다. 83%의 사람들은 좀더 빨리 좀더 많은 부를 축적하기 위해 20년 동안 열심히 뛰었지만 보통 수준의 소득을 가지고 허덕이며 살고 있었던 것에 반해, 17%의 사람들은 자신이 몸담고 있는 분야에서 탁월한 리더십을 발휘하면서 하고 싶은 일을 하며 살고 있더라는 겁니다. [27]

'하고 싶은 일을 하면서 사는 것', 너무도 당연한 목표 같지만 사람들은 곧잘 이것을 잊어버립니다. 많은 사람들이 돈과 명예로 대변되는 세속적인 성공이 자신이 원하는 것이라고 짐작하곤 합니다. 그래서 '무슨 일을 하든지 상관없다. 돈만 벌 수 있다면…' 혹은 '유명해질 수 있다면…' 이라는 생각을 하곤 합니다. 그러나 그런 사람일수록 돈도 벌지 못하고 유명해지지도 못합니다. 오히려 자기에게 소중하고 하고 싶은 일을 하다보면 돈도, 명성도, 리더십도 더 빨리 더 많이 생깁니다. 자기에게 가장 소중한 일이 무엇인지를 아주 중요합니다. 그것은 수많은 선택의 갈림길에서 자신을 옳은 방향으로 이끌어 주고, 수없이 쏟아지는 고난 속에서 그것을 이길 수 있는 힘을 선사해 줍니다.

당신이 하고 싶은 일은 무엇입니까? 말하지 않아도 마음속에서 샘솟는 목표는 무엇입니까? 무엇이 당신을 움직이게 하는 원동력입니까?

앞에서 적었던 당신의 타고난 기질, 미칠 듯 당신의 열정을 꿈틀대게 하는 일, 당신이 꿈꾸고 있는 상상속의 당신의 모습을 생각하면서 이제 당신이 타고난 특별한 능력과 장점을 어디에, 무슨 일을 하는 데 사용하면 좋을지, 그런 능력과 강점, 기질, 취향을 가졌다면 무슨 일을 해야 돈도 벌고 사회에도 보탬이 되고 뿐만 아니라 당신이 꿈꾸고 있는 '이런 세상을 만들고 싶다' 고 하는 삶의 목적을 이룰 수 있을지 생각해 보시기 바랍니다. 당신은 바로 그 일을 하는 데 반드시 필요한 사람이기 때문에 이 21세기 초엽의 한국에 존재하게 되었다고 생각하십시오.

Self Talk 나는 나의 선천적인 재능들을 가지고 아래와 같은 일을 함으로써 나의 존재를 자리매김 할 것이다. 나는 그 일들을 천직으로 알고 열심히 함으로써 내 삶을 경제적으로 풍요롭게 가꿀 것이며, 그 일들을 통해서 사람들에게 신망과 유익을 주며, 그 일들을 통해서 내가 만들어 가야 할 세상을 완성하고 교두보로 삼을 것이며, 동시에 그 일들을 통해서 내 삶의 의미를 완성할 것이다.

나는 --

-- 할 것이다.

* 아래의 예를 참조해 보세요

1_ 지구촌 전역의 사건 현장을 뛰어 다니며 사람들에게 진실을 알리는 일에 5만 시간 이상을 투자하여 배우고 봉사할 것이다.

2_ 한국의 20개 도시에 청소년 쉼터를 마련하여 청소년들을 섬기며 그들에게 성경을 읽는 습관을 길러줄 것이다.

3_ 신개념 체험농장을 운영하며 시민 사회 운동(NGO) 종사자들을 무료로 초청, 그들이 진정한 휴식과 재충전의 기회를 가지도록 섬길 것이다.

4_ 공휴일마다 노숙자들에게 음식을 나눠주는 자원봉사 단체를 조직, 매월 천만원씩을 지원할 것이다.

5_ 중앙아시아 지역에 비전 미션 스포츠센터를 세워 현지인 스포츠 선교사 육성할 것이다.

6_ 낙후된 산간지역에 평생교육센터를 세워 소외받고 무기력증에 시달리는 사람들에게 그들이 진정한 삶의 소망을 찾을 수 있게 도울 것이다.

7_ 안정적인 소득을 확보하여 공신력 있는 사회복지 재단에 기부하여 돈이 없어서 치료를 받지 못하는 사람들을 위해 사용되게 할 것이다.

8_ 첨단 패션코디 샵을 열어 인간성의 소외를 막아낼 수 있는 의류들을 공급할 것이다.

9_ 야생동물 치료소를 설립해 병들고 다친 야생동물들을 치료해 주며 생물다양성의 감소를 막아내는 데 헌신할 것이다.

10_ 사업체를 일으켜 자본을 축적함으로써 어려운 목회자들에게 생활비를 송금할 것이다.

11_ 최고의 출판사를 창업하여 천만명이상이 책을 통해 삶의 희망을 찾게 할 것이다.

12_ 초등학교 미션스쿨의 새로운 모델을 성공시켜 한국 전역으로 확산되게 할 것이다.

13_ 오갈 데 없는 어린아이들을 위해 '사랑과 꿈이 있는 마을'을 건설할 것이다.

14_ 연극학교를 세워 미셔너리 액터 100명을 양성할 것이다.

15_ 새로운 시스템으로 운영되는 하교를 세워 몸과 마음이 지친 학생들을 돌볼 것이다.

16_ 경찰관들이 보다 현대적인 여건에서 일할 수 있도록 시설과 장비들을 현대화 하는 일에 기여할 것이다.

17_ 파일럿을 비롯한 항공기 승무원들의 멘토로서 그들이 위급상황에서 위기를 극복하는 능력을 배양할 수 있게 도울 것이다.

18_ 전국에 무료진료소를 설치하여 돈 없고 소외받는 사람들을 위해 봉사할 것이다.

19_ 법조계에 종사하며 억울하게 누명을 쓰고 고통 받는 사람들을 도울 것이다.

20_ 전국 각지에 50개의 사랑공동체를 운영하며 열린 마음으로 이웃을 배려하려는 사람들에게 용기를 불어넣을 것이다.

21_ 정부의 통일 관련 부처에 근무하며 통일을 위한 전략적 안건들을 타결시킬 것이다.

22_ 무료급식과 치료가 가능한 구호시설을 설립하여 빈곤과 질병으로 고통 받는 사람들에게 따뜻한 마음을 전할 것이다.

23_ 사랑받는 국민가수가 되어 인간성 회복에 앞장설 것이다.

24_ 무궁화 5개의 특급호텔 사장이 되어 호텔 문화 업그레이드에 앞장설 될 것이다.

25_ 100명 이상의 직원이 일하는 기업을 세워 젊은이들에게 자신의 능력을 정당하게 평가받는 기회를 제공할 것이다.

26_ 해군장교로 임관, 핵잠수함 함장으로 우리나라의 영해를 지킬 것이다.

27_ 유능한 방송 프로그램 진행자가 되어 5개 이상의 국민프로그램을 진행할 것이다.

28_ 재정경제 분야의 부서에서 국가예산을 관리하여 부패를 추방하는 데 앞장설 것이다.

29_ 5개 국어를 유창하게 구사할 수 있는 외교관이 되어 평화로운 지구촌을 만들 것이다.

30_ 세계적인 첼리스트가 도어 음악을 통해 평화로운 세상을 만들 것이다.

31_ 거대 다국적 기업의 최고 경영자가 되어 정직하게 땀 흘리는 사람들을 격려할 것이다.

32_ 환경관련 NGO에서 열심히 활동하여 영향력 있는 환경단체를 설립할 것이다.

33_ 법조인이 될 것이며, 모든 사람들이 쉽게 이해할 수 있는 법률 서적을 출판할 것이다.

34_ 전국적으로 20개 이상의 '정직마트' 를 만들어 삶의 질을 향상시킬 것이다.

35_ 인테리어 디자인 shop을 열어 아름다운 주거환경을 만들어 갈 것이다.

36_ 시간과 돈과 에너지를 최대한 동원하여 장애인들이 웃음과 희망을 되찾게 할 것이다.

37_ 우리나라에서 제일 유명한 일본어 교사가 되어 학생들을 가르칠 것이다.

38_ 간호 분야의 전문가로서 고통 받는 자들을 섬길 것이다.

39_ 개인병원을 설립하여 생활보호 대상자들에게 정기적으로 무료진료를 할 것이다.

40_ 인권운동가로 활약함으로써 불이익을 당하고 차별받는 이들에게 희망을 줄 것이다.

41_ 외교관이 되어 유럽연합에 대응하는 아시아연합을 만드는 산파역을 할 것이다.

42_ 모든 사람들이 필요로 하는 획기적인 컴퓨터 프로그램을 개발하여 삶의 질 향상에 기여할 것이다.

43_ 화학자가 되어 3개 이상의 신 물질을 발명함으로써 인류에게 유익을 줄 것이다

44_ 생명공학 및 신경외과 분야를 연구하여 10개의 백신을 개발할 것이다.

45_ 발명 및 제조분야 회사를 설립하여 편리하고 실용적인 제품을 내놓을 것이다.

46_ 무인화 메카트로닉스 개발연구소를 설치하여 신소재 기술 개발에 앞장서겠다.

47_ 대체에너지를 개발하여 각종 산업분야에 공급할 것이다.

48_ 클리닉을 열어 소외된 청소년들에게 꿈과 희망을 주는 상담/치료 활동을 펼칠 것이다.

49_ 음악 이론가 및 음악 치료사가 되어 치료음악 보급에 앞장설 것이다.

50_ 세계 각국에서 공통적으로 사용가능한 획기적인 요리교본을 출판 할 것이다.

51_ 21세기를 책임질 꿈나무들을 위해 10억의 돈을 저축하여 '사랑의 학교'를 열 것이다.

52_ 그래픽 디자이너가 되어 에니메이션 제작과 그래픽 회사를 설립할 것이다.

53_ 세계적인 정치외교관이 되어 외교관 양성 전문대학을 설립하고 나의 '외교 생활수기'를 담은 베스트 셀러를 내 놓을 것이다.

54_ 한의학을 연구하여 동의보감 수준의 한의학 서적을 내 놓을 것이다.

55_ 세계 도처에 한국어 교육기관을 설립하여 한글의 국제화에 공헌할 것이다.

56_ 범죄 · 폭력 방지센터를 설립 및 운영하며 폭력을 근절하고 약자를 보호할 것이다.

57_ 정치에 투신하여 사회적 약자들을 위해 복지시설을 세우는 일에 힘슬 것이다.

58_ 바른 정치인 양성을 위한 학교를 설립하여 부패가 없는 사회를 만드는 데 힘쓸 것이다.

59_ 환경공학을 연구, 사람들의 편의에만 치우치지 않는 친환경적 문화를 건설할 것이다.

60_ 특급 호텔의 경영자가 되어 여가와 휴식을 위한 최고의 서비스를 제공할 것이다.

61_ 시민운동으로 제도를 개선시켜 바른 소리를 하는 사람이 인정받는 세상을 만들 것이다.

62_ 유능하고 정직한 사업자가 되어 경제발전에 기여할 것이다.

63_ 사람들이 접근하지 못하는 동물 보호구역을 만들어 죽어가는 동물들을 보호할 것이다.

64_ 상담치료' 분야의 저서를 집필하여 상처받은 사람들을 회복시키는 일에 헌신할 것이다.

65_ 특기계발 전문학교를 설립하여 여러 분야에 영향력 있는 리더를 배출할 것이다.

66_ 교육행정의 리더로서 자신의 적성과 소질, 잠재력을 키울 수 있는 학교를 세울 것이다.

67_ 우주연구소를 세워 우주도시 건설로 지구촌 인구문제를 해결할 것이다.

68_ 최고의 국악원을 세워 국악을 통하여 전 세계 사람들에게 즐거움을 선사할 것이다.

69_ 새로운 의약품을 개발하여 불치병 치료의 신기원을 이룰 것이다.

70_ 해양 전문학교를 설립하여 해운업계를 책임지고 이끌어갈 인재를 양성할 것이다.

71_ EQ에 관련된 분야의 책을 낼 것이고, 연구자들의 모임을 결성할 것이다.

72_ Toy 회사에 들어가 많은 것을 배워, 내 이름을 걸고 만든 Toy Shop을 전 세계에 500개 이상 세울 것이다.

73_ 우주에 관한 심도 있는 연구를 통하여 인류에게 이익을 줄 것이다.

74_ 응용미술 분야의 신 비즈니스를 개척하여 문화의 다양성을 증진시킬 것이다.

75_ 소설가가 되어 적어도 AD 2015년까지는 내 생애의 대표작을 낼 것이다.

76_ 늦어도 AD 2015년까지 프랑스에 세계적인 권위의 요리학교를 설립할 것이다.

77_ 아동 심리학자가 되어 전 세계에 100여개의 아동 심리 치료 교실을 만들 것이다.

78_ AD 2013년까지 뉴스 앵커 및 교양 · 시사 프로그램을 진행하는 방송인이 될 것이다.

79_ 한국의 역사를 연구하여 세계적인 수준의 역사학 관련 논문을 발표할 것이다.

80_ 자기주도 학습센터를 설립하여 100명의 인재를 양성할 것이다.

81_ AD2015년까지 100개의 나라에 비전스쿨이 설립되도록 도울 것이다.

82_ 중앙아시아 지역에 "보스톡 비전 공동체"를 세우고, 비전 있는 지도자 12명을 양성할 것이다.

83_ 영성센터와 선교센터를 건립하여 매년 1,000명의 하나님의 사람을 섬길 것이다.

84_ 10명 이상의 전문가가 있는 청소년 센터를 만들어 청소년 사역자들을 양성할 것이다.

85_ 신학대학의 교수가 되어, 강력한 영적 지도자들로 집중적으로 양육할 것이다.

86_ 종업원 200명 규모의 사업체를 창립할 것이며, 미션스쿨을 설립하여 리더를 양성할 것이다.

87_ "자유학교"를 설립하여, 불우청소년들에게 교육의 기회를 제공할 것이다.

88_ 30만 평의 휴양림을 건설하여 그 안에 학교, 비전센터, 복지관을 두어 사람들에게 비전과 용기를 회복하는 기회를 줄 것이다.

89_ 10개 장학재단을 설립, 불우한 학생들에게 장학금을 줄 것이다.

90_ 제자 훈련을 하며, 환경사랑의 설교를 계속하며 30년 동안 헌신할 것이다.

91_ 중등학교의 교장으로 봉직하면서 인재를 양성하는 데 신명을 바칠 것이다.

92_ 경남지역에 10곳의 비전 교육 센터를 세워 30년 동안 섬기며 가르칠 것이다.

93_ 안산과 원주에 비전스쿨을 설립하여 30년 동안 학생들을 지도할 것이다.

94_ 국제 기독 학교를 설립하여 졸업생들을 세계 150여개국에 파송, 그 나라의 문화를 업그레이드 하게 할 것이다.

95_ 30학급이 있는 외국어 고등학교를 평양에 세울 것이다.

96_ 대구, 구미, 김천지역에 3개의 발표력 센터를 운영하여 건강한 표현을 위한 상담소를 개설할 것이다.

97_ "브라보 마이 라이프!" 실천 스쿨을 천안/대전에 설립, 운영할 것이다.

98_ 한국 최고 수준의 HRD 비즈니스를 창업하여, 100명 이상의 컨설턴트 네트워크를 조직하고 100개 이상의 기업을 컨설팅할 것이다.

99_ 2006년까지 경영자용 Self 리더십 교재를 만들고, 실패한 10개의 기업을 컨설팅하여 회생시킬 것이다.

100_ 만 평 규모의 캠프장을 세워 내가 만나는 모든 이들이 삶의 진리를 깨닫고 따르도록 섬길 것이다.

나의 사명선언문

이제 드디어 당신만의 사명선언문을 만들 시간이 됐습니다. 사명선언문은 당신의 존재 이유를 사람들에게 공식적으로 밝히는 문서입니다. 또한 그것은 인생이라고 하는 여행길의 가이드입니다. 그것은 당신이 항로와 중간 기착지를 선택하고, 항해를 시작하고 그것을 평가하고 수정하고, 다시 항해를 개시할 때 들여다보아야 할 변하지 않는 나침반이며 방향타이고 길잡이입니다. 이것은 당신이 원하는 것이 무엇인지, 그 뜻을 이루기 위해서 어디로 가야 하는지, 후에 어떤 사람이 될 것인지와 관련된 삶의 프로그램들을 구체적으로 조정하는 맥락context이며 코치입니다. 명료한 사명선언문의 작성은 비전 있는 삶으로 나아가는 첫 관문입니다.

사명선언문에는 가치관, 당신이 바라본 지구촌의 핫이슈, 선천적 재능, 리더십, 변함 없는 희생과 헌신의 정신 등 삶 속에서 나타날 수 있는 인생의 모든 영역이 포함되어 있어야 합니다. 또한 자신이 선택한 직업 활동을 통해서 개인으로서 가족의 일원으로서 그리고 성숙한 시민으로서의 책임을 다하며 사회에 유익을 끼치는 일에 헌신하겠다는 결의가 표명되어야 합니다. 사명선언문은 이 세상의 어느 누구도 흉내 낼 수 없는 오직 당신만의 독특한 창의력과 재능을 반영하는 내용이어야 합니다. 이와 같은 개념들은 리더로 성장해 나가는 데 필수적일 뿐만 아니라 고통스러운 일을 당했을 때 절망에서 벗어날 수 있도록 의욕과 동기를 제공해 줍니다.

사명선언문은 삶의 방향을 결정하는 데 중요한 역할을 할 뿐만 아니라 모든 선택행동의 기준이 되기 때문에 이를 작성할 때는 진지한 열정을 가지고 당신만의 사색의 골방에서 내면의 소리를 들으며 정신을 집중해야 합니다. 다음의 연습과정을 따라 멋진 사명선언문을 작성해 보시기 바랍니다.[28]

사명선언문 작성 1단계

지금까지 작성해 봤던 내용들을 잘 연결시키고 종합하면 당신도 훌륭한 사명선언문을 작성할 수 있습니다. 사명선언문 작성의 1단계는 85쪽에 적어둔 '내 삶의 목적, 내가 만들어가야 할 세상'과 96쪽에 적어둔 '재능을 활용해서 해야 하는 일, 하고 싶은 일, 잘할 수 있는 일' 등의 두 가지 요소를 두 개의 문장으로 연결하여 초안을 만드는 것입니다.

나의 사명은 _____

_____

세상을 만드는 것이다(85페이지 참고).

나는 이 사명을 완수하기 위해 _____

_____

_____

을(를) 할 것이다.

예 1_ 만약 85페이지에 "내 삶의 목적, 최종도착지점, 내가 만들고 싶고 또한 만들어 가야할 세상은 상처받은 청소년들이 낙오하지 않는 세상을 만드는 것이다."라고 적혀 있고 96페이지에 "오갈 데 없는 어린아이들을 보살펴 줄 수 있는 '사랑과 꿈이 있는 마을'을 건설하여 따뜻한 손길을 나누어 줄 것이다."라고 적혀 있다면,

나의 사명은 상처받은 청소년들이 낙오하지 않는 세상을 만드는 것이다. 나는 이 사명을 완수하기 위해 오갈 데 없는 어린아이들을 보살펴 줄 수 있는 '사랑과 꿈이 있는 마을'을 건설하여 따뜻한 손길을 나누어 줄 것이다.

예 2_ 만약 85페이지에 "내 삶의 목적, 최종도착지점, 내가 만들고 싶고 또한 만들어 가야할 세상은 패션문화의 업그레이드를 통하여 삶의 질을 높이는 것이다."라고 적혀 있고 96페이지에 "패션코디 클리닉을 열어 이웃사랑을 일깨우는 디자인을 선보임으로써 인성의 순화에 힘쓸 것이다."라고 적혀 있다면,

나의 사명은 패션문화의 업그레이드를 통하여 삶의 질을 높이는 것이다. 나는 이 사명을 완수하기 위해 패션코디 클리닉을 열어 이웃사랑을 일깨

우는 디자인을 선보임으로써 인성의 순화에 힘쓸 것이다.

예 3_ 만약 85페이지에 "내 삶의 목적, 최종도착지점, 내가 만들고 싶고 또한 만들어 가야할 세상은 권력이 돈을 버는 수단이 되지 않는 정의로운 세상을 만드는 것이다."라고 적혀 있고 96페이지에 "신개념 체험농장을 운영하면서 시민운동(NGO) 지도자들을 무료로 초청, 그들이 진정한 휴식과 재충전의 기회를 가지도록 봉사할 것이다." 라고 석혀 있다면,

나의 사명은 권력이 돈을 버는 수단이 되지 않는 정의로운 세상을 만드는 것이다. 나는 이 사명을 완수하기 위해 신개념 체험농장을 운영하며, 시민운동(NGO) 종사자들을 무료로 초청해서 그들이 진정한 휴식과 재충전의 기회를 가지도록 섬길 것이다.

사명선언문작성 2단계

사명선언문은 일생을 두고 크고 작은 모든 선택행동에 영향을 미치며 삶의 기로에서 선택의 지침이 되는 것이기 때문에 한 줄 한 글자가 제각기 심장한 의미를 가지게 됩니다. 따라서 간결하고 명쾌하면서도 간절한 기도를 반영하되 구체적인 행동목표를 설정할 때 실질적으로 적용시킬 수 있어야 하며 의욕을 북돋아 줄 수 있는 표현을 사용하는 것이 바람직합니다. 따라서

(1) 외우기 쉽도록 짧게 만들어야 하고,

(2) 열 살 난 아이라도 쉽게 이해할 수 있을 만큼 표현이 정확해야 하며,

(3) 세 문장을 넘지 않아야 합니다.

사명선언문 작성의 2단계에서 당신이 할 일은 1단계에서 작성한 초안이 이와 같은 세 가지 조건에 잘 맞는지 검토하면서

(1) 문장들을 더 요약하고,

(2) 결의를 확고하게 하기 위해 데드라인과 전략,

(3) 그리고 최종목표지점에 도달하는 과정을 구체적인 숫자로 나타내는 것입니다.

예 1_ 나의 사명은 상처받은 청소년들이 낙오하지 않는 세상을 만드는 것이다. 나는 이 사명을 완수하기 위해 오갈 데 없는 어린아이들을 보살펴 줄 수 있는 '사랑과 꿈이 있는 마을'을 건설하여 따뜻한 손길을 나누어 줄 것이다.

1단계에서 작성된 이 초안의 문제점은 '사랑과 꿈이 있는 마을'을

(1) 언제, 어디에 건설할 것인지 타이밍과 데드라인이 없어서 긴박감이 없고 느슨하다.

(2) 그 규모나 양적, 질적 수준이 어느 정도인지를 알 수가 없어서 스스로에게 생생한 이미지를 보여주지 못하고 있다.

(3) 본인의 역할정체성이 무엇인지, 즉 사업가인지 유아교육전문가인지 사회복지 전문가인지가 분명치 않고 사명과 생업의 연결성, 삶의 로드맵이 제시되지 못하고 있다.

이와 같은 문제점들을 보완하여 위의 초안을 다음과 같이 다듬을 수 있습니다.

- 타이밍, 데드라인 : 2025년
- 장소 : 울산지역
- 양적 질적 목표수준 : 30년 동안 50명을 동시에 보살필 수 있는 쾌적한 시설 1곳
- 역할정체성 : 사회복지 전문가인 동시에 시민운동가

"나의 사명은 상처받은 청소년들이 낙오하지 않는 세상을 만드는 것이다. 나는 이 사명을 완수하기 위해 사회복지분야를 전공한 다음 경험을 쌓아 늦어도 2025년까지는 오갈 데 없는 어린아이들 50명을 보살펴 줄 수 있는 '사랑과 꿈이 있는 마을'을 울산지역에 건설하여 30년 동안 아이들에게 따뜻한 손길을 나누어 줄 것이다."

예 2_ 나의 사명은 패션문화의 업그레이드를 통하여 삶의 질을 높이는 것이다. 나는 이 사명을 완수하기 위해 패션코디 클리닉을 열어 이웃사랑을 일깨우는 디자인을 선보임으로써 인성의 순화에 힘쓸 것이다.

- 타이밍, 데드라인 : 2020년
- 장소 : 서울의 중심 지역
- 양적 질적 목표 수준 : 300평 이상, 10만 명의 회원
- 역할정체성 : 동서양의 흐름을 아우르는 패션디자이너

"나의 사명은 패션문화의 업그레이드를 통하여 삶의 질을 높이는 것이다. 나는 이 사명을 완수하기 위해 일본, 미국, 유럽의 패션 분야에서 10년 이상의 경력을 쌓은 후 늦어도 2020년에는 서울에 300평 규모의 회원제 패션코디 클리닉을 열어 이웃사랑을 일깨우는 디자인을 선보임으로써 10만 명의 고객들에게 감동을 전할 것이다."

예 3_ 나의 사명은 권력이 돈을 버는 수단이 되지 않는 정의로운 세상을 만드는 것이다. 나는 이 사명을 완수하기 위해 신개념 체험농장을 운영하며 시민운동(NGO) 종사자들을 무료로 초청, 그들이 진정한 휴식과 재충전의 기회를 가지도록 봉사할 것이다.

- 타이밍, 데드라인 : 2035년
- 장소 : 강원도 동해안
- 양적 질적 목표 수준 : 종업원 20명, 매년 100명 이상을 첨단 휴양시설에 무료 초청
- 역할정체성 : 관광농업 경영인

"나의 사명은 권력이 돈을 버는 수단이 되지 않는 정의로운 세상을 만드는 것이다. 나는 이 사명을 완수하기 위해 관광분야의 전문가가 되어 2035년부터는 동해안에 첨단휴양시설을 갖춘 체험농장을 운영하며 그곳에 매년 100명의 시민운동(NGO) 종사자들을 무료로 초청, 그들이 진정한 휴식과 재충전의 기회를 가지도록 봉사할 것이다."

위의 예들을 검토해 본 결과 내가 1단계에서 작성한 사명선언문의 초안은 기본적인 방향과 가능한 대안이 어떤 것인가 하는 것을 적어본 것에 지나지 않는다. 위의 사례 검토에서 지적된 것처럼 생업의 확실한 선택, 사명과 생업의 연결성, 타이밍, 데드라인, 양적 · 질적 목표 수준 등의 요소를 확실히 도입하여 내가 1단계에서 작성한 초안을 다듬어 보면 다음과 같다.

나의 사명은 _____

_____

_____ 것이다.

나는 이 사명을 완수하기 위해 _____

_____

_____

_____ 을(를) 할 것이다.

사명선언문작성 연습 3단계

바람직한 사명선언문을 작성하려면 그 내용을 여러 차례 다듬는 과정이 필요합니다. 잘 다듬어진 사명선언문은 중요한 선택을 해야 하는 인생의 고비에서 자신감 넘치는 선택을 할 수 있게 합니다. 잘 작성된 사명선언문은 목표를 하나씩 이루어가는 과정을 세상에서 가장 신나는 놀이로 만들어 줍니다. 끊임없이 당신의 마음을 뜨겁게 달구는 동시에, 다른 사람들까지도 격려하여 힘을 치솟게 합니다. 아래에 나와 있는 다른 사람들의 사명선언문을 참고하면서 당신의 사명선언문을 계속 다듬어 보십시오.

나의 사명은 _____

_____

_____ 것이다.

나는 이 사명을 감당하기 위하여 _____

_____

_____

_____ 을 할 것이다.

* 아래의 예를 참조해 보세요

1_ 나의 사명은 21세기 한국을 책임질 꿈나무들에게 균형 잡힌 가치관과 비전을 심어주는 것이다. 나는 이 사명을 감당하기 위하여 2015년까지 대구, 구미, 김천지역에 3개의 발표력 센터를 운영해서 향후 10년 동안 매년 600여 명의 학생들을 교육할 것이며, 건강한 표현력을 증진시키기 위한 상담소를 개설할 것이다.　　　－ 2005년 1월, 서울비전스쿨 지도자 워크숍에서 서명희

2_ 나의 사명은 건강한 방송을 통해 많은 사람들에게 꿈과 희망을 전하는 것이다. 나는 이 사명을 감당하기 위해 2030년까지 5개 이상의 국민방송 프로그램의 진행자가 될 것이다.　　　－ 2004년 3월, 서울비전스쿨 부산캠프에서 송성민

3_ 나의 사명은 우주에 관한 심도 있는 연구를 통해 아직까지 발견하지 못한 우주의 비밀을 푸는 것이다. 나는 이 사명을 감당하기 위해 천문학자가 되어 늦어도 2048년까지는 10개의 행성을 조사하고 연구해서 인류에게 이익을 줄 것이다.　　　　　 － 2004년 2월, 서울비전스쿨 종로 캠프에서 김선민

4_ 나의 사명은 사람들 가슴에 아름다운 마음을 창조하는 것이다. 나는 이 사명을 감당하기 위해 소설가가 되어 늦어도 2015년까지는 내 생애의 대표작을 낼 것이다.　　　　　 － 2004년 2월, 서울비전스쿨 종로 캠프에서 조은

5_ 나의 사명은 빈부격차가 심한 나라의 사람들을 섬기는 것이다. 나는 이 사명을 감당하기 위해 세계를 향한 선교사가 되어 늦어도 2050년까지는 필리핀의 빈부격차를 완화하는 획기적인 프로젝트를 추진할 것이며 5대양 6대주의 모든 나라가 참여하는 빈부격차 연대 기구를 결성할 것이다.

　　　　　　　　 － 2004년 6월, 광주 아가피아 독서스쿨에서 송진리

6_ 나의 사명은 21세기 꿈나무들인 유치원 아이들의 상상력과 창의력을 길러 줄 수 있도록 좋은 시설을 만들고, 그곳에서 아이들을 가르치는 것이다. 나는 이 사명을 감당하기 위해 유치원 교사가 되어 늦어도 2030년까지는 2,000 평 규모의 어린이집을 세워 아이들을 섬길 것이다.

　　　　　　　　 － 2004년 1월, 서울비전스쿨 선운산 캠프에서 이슬아

7_ 나의 사명은 지치고 상처받은 사람들을 음악으로 치유하여 마음의 질병이 없는 세상을 만드는 것이다. 나는 이 사명을 감당하기 위해 음악 치료사가 되어 회원제 클리닉 센터를 설치하고 2015년까지 성인 30만, 청소년 40만 명을 회원으로 확보할 것이다.

　　　　　　　　 － 2004년 1월, 서울비전스쿨 선운산 캠프에서 추아람

8_ 나의 사명은 어린이, 청소년, 장애우들이 편견의 벽에 부딪치지 않고 함께 꿈을 키워 나갈 수 있는 학교를 설립하는 것이다. 나는 이 사명을 감당하기 위해 2010년까지 교대에 진학하여 일반 특수 교육과정을 이수하고 자격증을 취득해, 교사가 되어 맡은 바 소임을 다할 것이다. 그리고 2030년까지 모두가 함께 꿈을 키울 수 있는 학교를 설립할 것이다.

            - 2004년 1월, 서울비전스쿨 선운산 캠프에서 강민

9_ 나의 사명은 만국의 공통 언어인 스포츠를 통해서 기아, 빈곤, 전쟁을 극복하고, 인류가 하나 되어 하나님 나라의 백성이 되도록 하는 것이다. 나는 이 사명을 감당하기 위해 스포츠 분야의 국제선교회 지도자가 되어 늦어도 2019년까지는 페르시아 전역에 100개의 비전미션스포츠 센터를 세워 현지인 스포츠 지도자 1,000명을 세울 것이다.

         - 2004년 6월, 서울비전스쿨 타지키스탄 지도자 워크숍에서 최관섭

10_ 나의 사명은 절망감에 빠져 있는 교도소 수감자 및 그 가족들이 바른 가치관과 비전, 소망 안에서 밝은 사람들이 되게 하는 것이다. 나는 이 사명을 감당하기 위하여 교도소 사역의 전문가 및 코디네이터가 되어 늦어도 2012년까지는 페르시아 및 중앙아시아 지역 전문 사역센터를 건립하고 10개 이상의 비전스쿨을 세울 것이다.

         - 2004년 6월, 서울비전스쿨 타지키스탄 지도자 워크숍에서 박성용

11_ 나의 사명은 중앙아시아 지역에서 소망 없이 살고 있는 사람들에게 삶의 진리와 비전을 전파하는 것이다. 나는 이 사명을 감당하기 위하여 2015년까지 '보스톡 비전 공동체'를 세우고, 비전 있는 지도자 12명을 양성할 것이다.   - 서울비전스쿨 지도자 워크숍에서 이기종

12_ 나의 사명은 21세기 한국을 이끌어 나갈 사람들에게 꿈과 리더십을 심어주는 것이다. 나는 이 사명을 감당하기 위해 2015년에 종업원 200명 규모의 사업체를 창립할 것이며, 2020년에는 신 개념 학교를 설립하여 매년 300명 이상의 리더를 양성할 것이다.　　ㅡ 서울비전스쿨 지도자 워크숍에서 김극수

13_ 나의 사명은 소외된 계층의 청소년들이 온전하게 교육받을 수 있는 세상을 만드는 것이다. 나는 이 사명을 완수하기 위해 2030년까지 3곳 이상의 '자유학교'를 설립하여, 매년 100명 이상 씩의 불우청소년들에게 교육의 기회를 제공할 것이다.　　　　ㅡ 서울비전스쿨 지도자 워크숍에서 박희나

14_ 나의 사명은 재물에 대한 윤리와 도덕이 옳게 서는 세상을 만드는 것이다. 나는 이 사명을 감당하기 위해 늦어도 2014년까지 30만 평의 휴양림을 건설하여 그 안에 기독교 학교, 비전센터, 복지관을 두어 그들에게 비전과 하나님의 형상(self image)을 회복하는 기회를 줄 것이다.

　　　　　　　　　　　ㅡ 서울비전스쿨 지도자 워크숍에서 임형준

15_ 나의 사명은 삶의 목표가 분명하지 않은 청소년들에게 비전을 심어주는 것이다. 나는 이 사명을 감당하기 위해 자기주도 학습센터를 만들고, 2015년까지 1,000명의 청소년이 자신의 달란트를 발견하도록 돕고, 그들의 비전이 실현되도록 멘토의 역할을 해서 영향력 있는 100명의 인재를 양성할 것이다.　　　　　　ㅡ 서울비전스쿨 지도자 워크숍에서 김희준

16_ 나의 사명은 소비자들이 질 좋고 값싼 제품을 믿고 구매할 수 있도록 유통질서를 바로잡고 물류시스템을 개발하는 것이다. 나는 이 사명을 감당하기 위해 2050년까지 전국적으로 20개 이상의 '정직마트'를 만들 것이다.

　　　　　　ㅡ 2004년 3월, 서울비전스쿨 부산캠프에서 심성훈

17_ 나의 사명은 21세기 한국의 리더들에게 비전을 심어주는 것이다. 나는 이 사명을 감당하기 위하여 2015년까지 3,000명 이상의 학생들이 배우는 비전 입시학원을 인천에 세울 것이고, 2025년까지 30학급이 있는 외국어 고등학교를 평양에 세울 것이다.

— 2005년 1월, 서울비전스쿨 지도자 워크숍에서 최성남

18_ 나의 사명은 다양한 개성을 인정하고 창의적인 사고를 활발히 할 수 있는 세상을 만드는 것이다. 나는 이 사명을 감당하기 위해 디자이너 겸 미술교육자가 되어 늦어도 2035년까지 한국 주요도시에 창의적인 미술가들을 양성하는 5개의 학교를 설립할 것이다.

— 2004년 2월, 서울비전스쿨 종로 캠프에서 권수영

19_ 나의 사명은 21세기 비즈니스 맨들에게 꿈과 비전을 심어주는 것이다. 나는 이 사명을 감당하기 위하여 2015년까지 5권의 출판과 10,000 시간의 강의 경험으로 '자기계발' 실천 스쿨을 천안/대전에 설립, 운영할 것이다.

— 2005년 1월, 서울비전스쿨 지도자 워크숍에서 이용갑

20_ 나의 사명은 21세기 지구촌을 주도할 하나님의 인재를 양성하는 것이다. 나는 이 사명을 완수하기 위해 2015년까지 지구촌 10곳에 하나님의 인재를 양성할 비전 스쿨을 세우고, 2030년까지 1000명의 리더를 5대양 6대주로 파송할 것이다.   — 2005년 7월, 서울비전스쿨 지도자 워크숍에서 신현주

21_ 나의 사명은 응용미술을 통해 문화의 다양성을 구현하는 사회를 만드는 것이다. 나는 이 사명을 감당하기 위하여 2028년까지 응용미술 분야의 전문가들 30명과 더불어 신 비즈니스를 개척하여 응용미술 분야에 획기적인 발전을 가져올 것이다.   — 2004년 2월, 서울비전스쿨 종로 캠프에서 신은별

22_ 나의 사명은 흔들리고 방황하는 모든 사람들에게 희망을 찾아주는 것이다. 나는 이 사명을 감당하기 위해 빅토리 라이프 비전 컨설팅을 운영하며 2010년까지 세계 전역을 무대로 천만 명에게 비전을 강의할 것이다.

- 2005년 7월, 서울비전스쿨 지도자 워크숍에서 우상태

23_ 나의 사명은 하나님 나라를 확장하는 전문 학습 경영자가 되는 것이다. 나는 이 사명을 완수하기 위해 2015년까지 학습전문가 50명으로 구성된 '기쁨 평생학습센터' 한 곳을 서울에 설립 · 운영할 것이다.

- 2005년 7월, 서울비전스쿨 지도자 워크숍에서 정득진

24_ 나의 사명은 유머와 위트의 경영철학을 일깨우고 실천하는 것이다. 나는 이 사명을 감당하기 위하여 펀 경영 촉진자가 되어 늦어도 2014년까지 한국 최고 수준의 HRD 비즈니스를 창업하여, 100명 이상의 컨설턴트 네트워크를 조직하고 100개 이상의 기업을 컨설팅 할 것이다.

- 2005년 1월, 서울비전스쿨 지도자 워크숍에서 최진영

25_ 나의 사명은 21세기 지구촌의 책임자들에게 꿈과 용기를 주는 것이다. 나는 이 사명을 감당하기 위하여 2025년에는 안산에, 2027년에는 원주에 비전스쿨을 설립하여 30년 동안 1,500명의 학생들에게 비전을 갖고 인생을 가치 있게 살 수 있도록 지도할 것이다.

- 2005년 1월, 서울비전스쿨 지도자 워크숍에서 박윤규

26_ 나의 사명은 청소년들이 비전을 갖도록 돕는 것이다. 나는 이 사명을 이루기 위해 2015년까지 비전교육과 수학 교육분야의 전문가가 되어 '정의로 푸는 수학' 교재를 저술하고 실력과 영성을 겸비한 500명의 학생들을 길러 낼 것이다.   - 2005년 7월, 서울비전스쿨 지도자 워크숍에서 배광휘

27_ 나의 사명은 21세기 중소 · 벤처기업을 발굴 · 육성하는 것이다. 나는 이 사명을 감당하기 위해 2006년까지 경영자용 셀프 리더십 교재를 만들고, 2010년까지 '중소기업 최고경영자 비전스쿨'을 20회 운영할 것이며, 실패한 10개의 기업을 컨설팅 하여 회생시킬 것이다.

　　　　　　　　　　　　　　　- 2005년 1월, 서울비전스쿨 지도자 워크숍에서 조승철

28_ 나의 사명은 청소년들이 비전을 가진 하나님의 일꾼이 되게 하는 것이다. 나는 이 사명을 완수하기 위해 2015년까지 10층 이상의 청소년 센터를 대전에 건립하고, 2020년까지 20,000명의 청소년 리더를 양성할 것이다.

　　　　　　　　　　　　　　　- 2005년 7월, 서울비전스쿨 지도자 워크숍에서 임용수

29_ 나의 사명은 삶의 비전과 리더십 원리를 전파해 모든 청소년을 리더로 만드는 것이다. 나는 이 사명을 완수하기 위해 2006년에 부산 비전스쿨을 설립하고, 2010년까지 부산과 양산에 10곳의 비전교육센터를 세워 10만 명의 비저너리를 양성할 것이다.　　- 2005년 7월, 서울비전스쿨 지도자 워크숍에서 김대형

30_ 나의 사명은 더불어 사는 아름다운 세상을 만드는 것이다. 나는 이 사명을 감당하기 위하여 2007년에 광주에 국제학교를 설립하여 매년 50명씩 믿음과 지식을 겸비한 리더들을 배출, 세계 150개국에 파송하여 그 나라의 문화를 업그레이드하고, 그래서 온전한 평화가 이루어지게 할 것이다.

　　　　　　　　　　　　　　　- 2005년 1월, 서울비전스쿨 지도자 워크숍에서 김옥환

31_ 나의 사명은 이웃간의 신뢰와 나눔을 실천할 수 있는 따뜻한 세상을 만드는 것이다. 나는 이 사명을 완수하기 위해 2013년까지 수원 고등학교에서 교육행정의 리더가 되어 첨단 인성교육 프로그램들을 집대성, 보급할 것이다.

　　　　　　　　　　　　　　　- 2005년 7월, 서울비전스쿨 지도자 워크숍에서 박종우

32_ 나의 사명은 리더십 전문가가 되어 대한민국 국민이 비전을 세우고 실천하도록 돕는 것이다. 나는 이 사명을 완수하기 위해 2007년까지 100만 명 이상의 회원을 가진 온라인 교육 사이트를 운영하며, 2015년까지 리더십을 교육하는 120명 정원의 대안 학교를 세울 것이다.

− 2005년 1월, 서울비전스쿨 지도자 워크숍에서 권순복

33_ 나의 사명은 생명이 최우선 되는 세상을 만드는 것이다. 나는 이 사명을 감당하기 위해 상담 분야의 전문가가 되어 2009년부터 경기도 지역에 50평 규모의 상담치유 센터를 개설할 것이다. 그런 다음 매년 500명 이상의 영혼들을 섬길 것이다.

− 2005년 7월, 서울비전스쿨 지도자 워크숍에서 노명헌

34_ 나의 사명은 청소년들이 비전을 갖고 자신의 삶을 개척하며 활기차게 사는 세상을 만드는 것이다. 나는 이 사명을 완수하기 위해 2020년까지 서울 경기 지역에 연건평 1000평 규모의 청소년 비전 센터를 건립하여 매년 1000명의 청소년을 도울 것이다.

− 2005년 7월, 서울비전스쿨 지도자 워크숍에서 오점환

35_ 나의 사명은 21세기 지구촌을 이끌어 갈 사람들에게 비전과 리더십을 전파할 것이다. 나는 이 사명을 감당하기 위해 2020년까지 HRD분야의 존경 받는 CEO가 되고, 이를 바탕으로 자기 계발 분야의 월드베스트셀러를 저술하고, 100개의 트레이닝 센터를 설립할 것이다.

− 2005년 7월, 서울비전스쿨 지도자 워크숍에서 김차형

36_ 나의 사명은 교육을 통하여 꿈을 잃은 사람들에게 비전을 전하는 것이다. 나는 이 사명을 완수하기 위해 교육행정의 리더로서 2010년에는 충주시에 교육문화센터를 2030년에는 100억 규모의 장학재단을 설립하여 해마다 100명의 학생들에게 비전을 심어줄 것이다.

　　　　　　　　　　　- 2005년 7월, 서울비전스쿨 지도자 워크숍에서 전미영

37_ 나의 사명은 21세기 인류의 문제를 해결하는 인재를 양성하는 것이다. 나는 이 사명을 완수하기 위해 2010년까지 대안학교 모델을 완성하여 2015년까지 10개의 대안학교를 세우고 2035년까지 사회 각 요소에서 활동하는 10,000명 규모의 '코리아리더스 네트워크'를 구축할 것이다.

　　　　　　　　　　　- 2005년 7월, 서울비전스쿨 지도자 워크숍에서 박병선

38_ 나의 사명은 상처 받은 미 선교 지역 영혼들이 행복을 누리게 하는 것이다. 나는 이 사명을 완수하기 위해 선교사로 파송 받아 10년 내로 100명 이상 수용 가능한 아동복지 시설과 12명의 훈련된 제자들을 양성하여 교회를 세우고 초, 중, 고교를 운영할 것이다.

　　　　　　　　　　　- 2005년 7월, 서울비전스쿨 지도자 워크숍에서 정혜란

39_ 나의 사명은 청소년들에게 올바른 사명과 비전을 심어주는 것이다. 나는 이 사명을 완수하기 위해 2010년까지 500명의 리더들과 네트워크를 형성하고, 2015년까지는 '분당 비전스쿨'을 건립하여, 매년 1000명 이상의 청소년 리더들을 양성할 것이다.

　　　　　　　　　　　- 2005년 7월, 서울비전스쿨 지도자 워크숍에서 김주년

40_ 나의 사명은 기독 청소년들이 각 분야의 최고 전문가가 되어 하나님 나라의 실현을 앞당기는 것이다. 나는 이 사명을 완수하기 위해 2014년까지 성경 30회, 양서 1000권을 독파하고, 2015년까지 LA에 비전 바이블스쿨을 개설하여 300명의 최고 지도자들을 양성할 것이다.

－ 2005년 7월, 서울비전스쿨 지도자 워크숍에서 신민성

41_ 나의 사명은 모든 이들이 비전을 갖고 자신 있는 삶을 살아가는 세상을 만드는 것이다. 나는 이 사명을 완수하기 위해 2012년까지는 독자적인 프로그램을 개발하여 국내에 비전스쿨을 개설하고, 자기개발 전문가로서 매년 1000명 이상의 이웃들에게 유익을 선물할 것이다.

－ 2005년 7월, 서울비전스쿨 지도자 워크숍에서 김상우

사명선언문 •----------------------------

_____ 년 _____ 월 _____ 일,

_____에서

이름 _____

_____

_____

_____

_____

_____

_____

_____

_____

여기에 당신의 완성된 사명선언문을 정서해 두시기 바랍니다. 아주 또박또박, 한 자를 쓰고 기도하고 한 단어를 쓰고 또 생각하는 자세로 최대한 정성껏 정서하시기 바랍니다. 삶의 목적을 세운 것, 궁극적인 비전을 발견한 것을 다시 한 번 축하드립니다! 당신이 작성한 사명선언문은 당신 삶을 보다 풍요롭게 만들어 주고, 당신이 어디로 가야 할지 알 수 없을 때 올바른 곳으로 당신을 안내할 것입니다. 굳건한 믿음으로 쓴 당신만의 사명선언문을 가까이 두고 계속 들여다 보십시오. 삶의 매 순간마다 해야 할 일이 명확해질 것입니다. 하지만 사명선언문은 필요한 경우 고쳐 쓸 수도 있습니다. 처음 작성한 사명선언문에 너무 집착하지 않도록 하십시오. 명상을 통해 의무감으로부터 자유로워지십시오. 존재의 자유로움을 만끽하며 삶 자체를 즐기십시오. 사명선언문은 결코 당신 삶의 족쇄가 아닙니다. 당신의 마음 깊은 곳에서 우러나온 신앙고백이므로 항상 기쁘고 황홀한 마음으로 사명선언문을 마주봐야 합니다.

나는 방금 내 삶의 사명을 엄숙하게 선언했다. 그것이 바로 내가 21세기 한국에 태어난 목적임을 나는 믿는다. 나는 이 사명선언문을 아름답게 장식하여 지갑 속에 넣고 다닐 것이다. 혼자 버스를 타거나 카페에 혼자 갔을 때 조용히 꺼내 보며 글자들이 내 마음에 살아 움직이게 할 것이다. 모임에서 누군가가 나에게 무슨 일을 하고 있느냐고 물을 때, 지체 없이 그 사명선언문을 꺼내어 그 사람에게 보여줄 것이다. 상대방이 나의 사명선언문을 갖고 싶어 하면 줄 수 있도록 몇 장씩 더 갖고 다닐 것이다. 그런 행위들은 나에게 또 다른 길을 열어줄 것이다. 다른 사람들에게 나의 사명을 알리고 다님으로써 내가 원하는 세계를 창조하는 데 도움을 주고 뜻을 같이 할 사람을 만날 수 있을 것이다.

나는 나의 사명선언문을 시나 노래로도 만들 것이다. 듣는 사람들이 감동하여 울음을 터뜨릴 수 있도록 온 마음을 담아 만들 것이며, 실제로 부를 수 있도록 다듬을 것이다. 또한 이 내용을 포스터로 만들어 벽에다 붙여 놓을 것이다. 사진 에세이를 만들어 전시도 할 것이다. 전화기 옆에, 냉장고 문에, 내가 항상 볼 수 있도록 눈에 잘 띄는 도처에 그것들을 붙여 놓을 것이다. 그렇게 하는 내 모습을 보고 다른 사람들이 수군대며 손가락질 하더라도 나는 내 방식대로 나의 사명을 최대한 많은 사람들에게 알릴 것이다. 나의 사명선언문은 내 마음의 거울이기 때문이다.

나는 이 사명선언문을

　　　　　　년　　　　　월　　　　　일까지 예쁜 액자에 넣어서

　　　　　　　　　와(과) 　　　　　　　와(과) 　　　　　　　에 두고

혼자 있을 때마다 큰 소리로 읽으며 다짐을 거듭할 것이다.

또한 이것을,

가로　　　　cm, 세로　　　　cm 크기의 현수막으로 만들어서

평소에는 　　　　　　에다 걸어두고

먼 곳에 오랫동안 머무를 때에는

반드시 가지고 가서 침대 머리맡에 걸어둘 것이다.

　　　　명 이상 모이는 곳에서 이야기할 기회가 있으면

반드시 가지고 가서 사람들에게 보여 줄 것이다.

미래 스케치

1964년, 10살 된 한 흑인소녀가 부모님과 함께 백악관을 찾았습니다. 한동안 주변을 서성이며 찬찬히 건물의 외관을 살피던 소녀가 갑자기 침묵을 깼습니다.

"아빠, 제가 저 안에 들어가지 못하고 이렇게 밖에서 백악관 껍데기만 구경해야 하는 건 제 피부색 때문이죠? 그렇죠? 하지만 두고 보세요! 전 반드시 저 안으로 들어갈 거예요."

구경에 여념이 없던 일행은 결심에 찬 눈빛을 하고 소리치는 그녀의 모습을 황망한 눈빛으로 바라보았습니다.

그러나 25년 후, 소녀의 예언은 그대로 적중하였습니다. 소비에트 체제가 붕괴되고 독일이 통일되던 시기에, 그녀는 백악관에서 조지 부시 전 대통령과 함께 일주일에 14시간씩 미국의 대외정책을 주도하는 수석 보좌관으로 일하고 있었습니다. 그리고 다시 11년 후에는 그의 아들인 조지 부시 현 대통령의 국가안보 보좌관으로 백악관에 재입성했습니다.

그녀의 이름은 콘돌리자 라이스 *Condoleezza Rice* 입니다. 사람들은 콘디가

훗날 미국 대통령이 될 것이라고 기대합니다. 시사주간지 타임은 콘디를 2003년의 인물 20인 가운데 하나로 선정하기도 했습니다.[17)]

5년 후, 10년 후, 20년 후에 당신은 어떤 모습으로 살아가고 있을까요? 미래의 당신 모습을 볼 수 있게 신령한 눈을 열어 주시도록 기도해 보십시오. 그날에 당신이 입고 있을 옷을 보고, 당신이 일하고 있는 장소가 어딘지 확인해 보고, 당신이 하고 있는 일이 무엇인지 보십시오. 아주 즐겁게 그 일에 몰두하고 있습니까? 그 일이 너무 재미있어서 일에만 푹 빠져있는 당신을 다른 사람들이 부러워하며 처다보고 있습니까? 당신을 즐겁게 하는 그 일은 언제 시작된 것 같습니까? 그 일은 언제까지 계속될 것 같습니까?

Self Talk 나는 앞에서 내가 지금 여기 존재하게 된 이유를 분명히 보았다. 나는 결코 그 목적을 저버리거나 포기하지 않을 것이다. 5년, 10년, 20년 후에는 정말로 그것을 위해 헌신하고 있는 모습일 것이다. 그렇게 간절히 기도하며 열심히 살고 있는 나의 모습, 내가 주 안에서 본 환상을 몇 컷의 필름으로 구성해 본다.

예. 카피라이터가 본 자신의 미래

2009, 대학졸업   2011, 대학원 세미나   2014, 회사 회의실

2016, 가족여행   2018, 광고주 미팅   2020년, 광고 프레젠테이션

2022년, 생애 대표 저서   2024, 카피스쿨 특강   2026, 국제광고포럼 참석

예. 내가 본 나의 미래

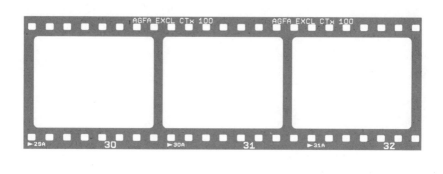

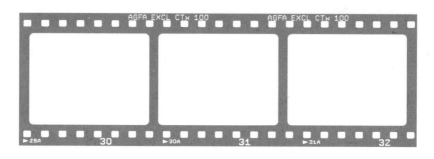

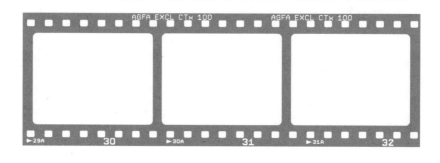

미래일기

과거는 영원히 변하지 않습니다. 그러나 우리는 과거를 돌아보고 거기에서 교훈을 얻습니다. 과거에서 배우지 못하면 우리는 같은 잘못을 계속 반복할 것입니다.

현재는 순식간에 지나갑니다. 그러나 현재가 중요한 것은 우리가 살아 있다는 것을 확인할 수 있고 꿈을 품을 수 있으며 현재의 행동에 따라 미래가 결정되기 때문입니다.

미래는 우리의 희망, 비전, 소원이라는 형태로 존재합니다. 미래는 열린 공간이며 무한정의 가능성을 지니고 있습니다. 과거에 실패한 삶을 살았어도 미래가 있기 때문에 우리는 현재를 살 수 있고, 또 성공적으로 살아야만 합니다. 과거를 토대로 미래를 건설하고 미래를 토대로 현재를 선택해야 하는 것입니다.

삶이 클라이맥스를 향해 달려가고 있는 모습을 그려보는 방법 중의 하나가 미래일기를 작성하는 것입니다. 미래일기는 현재일기와 다르지 않습니다. 다만, 일어난 일을 적는 것이 아니라 일어날 일을 적는다는 차이

뿐입니다. 미래일기를 작성할 때는 다음 네 가지에 착안해야 합니다.

첫째, 시간, 장소가 구체적으로 나타나도록 해야 합니다.
둘째, 소리와 냄새, 색깔과 감촉 등을 자세히 묘사해야 합니다.
셋째, 자신의 직업, 구체적인 직위나 역할이 표현되어야 합니다.
넷째, 새벽, 오전, 점심식사, 오후, 저녁식사, 밤 시간을 구분해서 활동 내용을 언급하는 것이 바람직합니다.

미래일기 : 5년 후 12월 31일

5년 후의 당신은 어디서 누구와 어떤 모습으로 살아가고 있을까요? 미래의 당신 모습을 볼 수 있게 마음의 눈을 열어 보십시오. 당신의 옷차림을 살펴 보고, 당신과 함께 있는 사람들의 얼굴을 살펴 보고, 당신이 사용하고 있는 도구들을 정돈해 보고, 당신이 하고 있는 일이 무엇인지 보십시오. 아주 즐겁게 그 일에 몰두하고 있습니까? 그 일이 너무 재미있어서 일에만 푹 빠져 있는 당신을 다른 사람들이 부러워하며 쳐다보고 있습니까? 당신을 즐겁게 하는 그 일은 언제 시작되었습니까? 그 일은 언제까지 계속될 것 같습니까? 127쪽에 당신이 구성해 놓은 필름을 보면서 5년 후 12월 31일의 나를 상상하면서 미래일기를 작성해 보십시오.

미래일기 : 5년 후(년) 12월 31일

-----

* 아래의 예를 참조해 보세요

1_ 오후에 있었던 중국영화 동아리 회의에서 총무로 선출되었다. 연극영화과 3
학년이 되었으니 이젠 나름대로 역할을 해야 하는 건 당연하다. 운영에 대한
책임이 조금 부담스럽지만 제대로 된 공부를 하기 위해선 어쩔 수 없는 일이
다. 다음 주엔 부천, 그 다음주엔 부산의 영화제에 동아리 회원 모두가 참가
해서 개막작과 폐막작을 보고 토론모임을 갖는 것이 당면과제다. 이번 여름
방학 때는 미국으로 배낭여행을 다녀올 생각이다. 다양한 문화와 사람들을
접해보고 무엇보다도 직접 영화 산업의 메카인 할리우드를 보고 싶다. 돈이
많이 필요할 텐데… 아르바이트를 한 시간 늘리고 영어회화 연습에 더욱 박
차를 가해야 한다. 영어성경테이프를 틀어놓고 큰 소리로 따라 외우며 잠들
고 싶다.

2_ 오랜 노력의 결과로 '나눔과 참여' 재단의 필리핀 팀장으로 발령 받았다. 이
번 8월까지 필리핀의 화산피해 난민들을 구조하는 계획을 세우고, 9월쯤 출
발하기로 결정됐다. 재단은 많은 사람들의 후원 덕분에 자금이 부족해지는

일 없이 정상적으로 운영되고 있다. 필리핀의 시골지역을 돌아다니며 일하는 것이 내 소망이었고, 그것이 세계를 향한 나의 사역의 발판이 될 것이다. 체중을 좀더 줄이고 인내력을 기르기 위해 헬스클럽에 등록을 하고 스피치 클럽에 나가 영어설교를 시도했다. 필리핀에서 5년간 일하고 돌아온 친구와 저녁식사를 하고 그가 선물로 준 DVD로 필리핀 영화를 한 편 보았다.

미래일기 : 10년 후 12월 31일

누구나 10년 후의 이상적인 모습을 마음속에 간직하고 있습니다. 하지만 누구나 그곳까지 가는 과정에서 실수나 실패, 급격한 환경의 변화, 질병과 사고를 겪을 가능성이 있지요. 혹은 그와 반대로 성공이나 출세를 경험할 수도 있습니다. 사람들은 그러한 것 때문에 예전에 마음속에 간직하고 있었던 그림이 달라질 것이라 생각합니다. 그러나 그것은 잘못된 생각입니다. 경험이 마음을 변화시키는 것이 아니라, 우리가 간직하고 있는 청사진이 우리가 경험할 것을 결정합니다. 만약 당신이 가출 청소년들과 함께 어울리며 그들을 보살피는 모습을 마음속에 품고 있다면 모든 환경과 경험도 그 방향으로 집중되지 않겠습니까? 결국 마음속의 그림대로 당신의 인생이 결정되는 것입니다.

마음의 눈을 열어 보십시오. 영혼의 심연에 그려져 있는 그림을 마음껏 펼쳐 보십시오. 그리고 그 그림들 속에서 10년 후의 지점을 찾아보십시오. 10년 후의 당신은 어디서 무엇을 하고 있습니까?

미래일기 : 10년 후(_____년) 12월 31일

* 아래의 예를 참조해 보세요

1_ 나는 지금 한국 영화계뿐 아니라 세계적으로도 이름 있는 감독으로 입지를
굳히고 있는 중이다. 감독으로 데뷔한 이래 줄곧 뜻을 같이해 온 몇몇 친구
들은 프로덕션 쪽으로 진로를 바꿔서 규모는 작지만 탄탄한 기업을 경영하
고 있다. 그 친구들이 나의 영화 인생에 큰 도움을 준다.

작년에 칸 영화제 감독상 후보에 올랐던 일, 나의 몇몇 작품들이 해외에서도
개봉돼 좋은 반응을 얻었던 것이 가장 기쁜 일이다. 내 삶의 사명인 행복한
세상을 만들기 위해 우울한 내용의 영화 대신, 가족적이고 유쾌한 영화를 주
로 만들어 왔던 것이 사람들에게 인정을 받아, 나만의 스타일을 굳히게 되었
다. 나의 영화를 본 사람들은 한순간 가슴이 따뜻해졌다는 평을 보내온다.
현재 내 통장엔 9천만 원 정도의 돈이 있지만, 다음에 제작할 영화를 위해서
얼마의 돈을 쓸 예정이다. 그리고 끊임없이 영어와 중국어를 익힌 덕분에 이
제는 언어의 두려움 없이 사람들을 만나서 대화를 나눌 수 있다. 다음 주말
에는 한달에 한 번씩 방문했던 고아원 아이들과 놀이공원을 갈 예정이다.

2_ 필리핀에서의 복지 활동이 본 궤도에 올랐다. 재단은 전보다 더욱 탄탄해졌고, 많은 사람들이 재단에 고마움을 표시하고 있다. 우리 재단은 이제 세계적으로 알려져서 수많은 국가에서 후원금을 보내오고 있다. 재단의 재정은 약 50억 원을 웃돈다. 재단이 안정됐기 때문에 나는 필리핀 시골을 돌아다니면서 선교하는 것의 범위를 넓혀서 전쟁의 폐해가 심한 곳이나 중국과 같이 선교 활동이 어려운 곳으로 자진해서 가고 있다. 무엇보다도 나와 같은 뜻을 지닌 아내가 항상 기운을 북돋아 줘서 고마울 따름이다.

3_ 2014년 미국에 있는 프린스턴 대학의 캠퍼스 타운, 대학원 지도 교수님과 저녁 식사를 한다. 여러 교수님들 중에서 특별히 나와 같은 꿈을 가지고 계시는 분을 만나 저녁을 먹으며 미래에 대해서 담소를 나눈다. 교수님과 함께 좋은 시간을 보내니 오늘따라 저녁이 더 맛있다. 교수님께서 나에게 내가 장차 큰일을 할 것이라고, 뒤에서 밀어주신다니 정말 기쁘다. 대학원에서 나와 같은 생각을 가진 분들을 더 찾아보고, 끝임 없이 지식을 쌓으며 사람들에게 더욱 알기 쉽고, 이해시킬 수 있는 그런 능력을 가지도록 공부하는 방법에 대해 질문해 본다. 지금 하고 있는 방법대로만 하면 틀림없을 거라는 대답을 듣는다.

미래일기 : 20년 후 12월 31일

20년 후의 모습을 미리 상상해 보는 것은 쉽지 않습니다. 그러나 그것은 불가능하지도 않습니다. 현실의 눈으로는 볼 수 없겠지만 성령이 열어주시는 믿음의 눈으로 본다면 그것은 어렵지도 않습니다.

아마도 20년 후의 당신은 원하던 그 도시에서 사랑하는 사람과 함께 살고 있을 것입니다. 뜻이 통하는 사람들과 팀을 이뤄 즐겁게 일을 하면서 당신의 사명이 빨리 완수되기를 기도하고 있을 것입니다. 당신은 재즈 음악과 향긋한 커피향이 가득 흐르는 작업실에서 원하는 일을 하고 있을 것입니다. 활기가 넘치는 삶, 많은 이들에게서 '감사하다'는 말을 듣는 풍성한 삶을 누리고 있는 당신의 모습을 그려 보시기 바랍니다. 127페이지에 당신이 구성해 놓은 필름을 보면서 20년 후의 자신의 모습을 묘사해 보십시오.

미래일기 : 20년 후(년) 12월 31일

* 아래의 예를 참조해 보세요

1_ 오늘은 정말 뜻 깊은 날이다. 내가 일생의 비전으로 삼았던 영화 스쿨이 드디어 문을 연 날이기 때문이다. 처음에 생각하고 있었던 100억 원 대의 규모는 아니지만, 장차 학교의 규모는 성장할 것이기 때문에 별로 신경 안 쓴다. 그동안 친밀하게 지냈던 영화계 인사들과 지인들이 모두 찾아와 주었다. 함께 테이프를 끊고 사진을 찍고 간단하게 식사를 하면서 앞으로의 사업 계획과 어떻게 후배 영화인들의 꿈을 살려줄 것인지에 대해 의논하는 시간을 가졌다. 이제까지 쌓아왔던 입지 때문에 '영화 스쿨 설립'이 신문에 났다. 지

금까지 열심히 살아왔지만, 여기서 만족하지 않고 '사랑과 행복이 가득한 세상' 을 만들기 위해 더욱 노력할 것이다.

2_ 지금껏 여러 곳에서 선교 활동을 해 왔다. 그리고 이제 다시 필리핀으로 돌아왔다. 오늘 나는 이곳에 평생을 바칠 것을 다시 한 번 결심한다. 아주 밝고 명랑하게 자라준 나의 아이들도 너무 고맙고, 힘들 텐데 내색 한 번 안 하고 뒷바라지 해 준 아내에게도 새삼스럽게 고마운 마음이 솟는다.

이제부터 이곳 필리핀에서 하나님의 말씀을 전하는 선교사 겸 선생님으로 활동할 것이다. 그동안 탄탄해진 재정 덕분에 재단의 이름으로 학교를 설립했는데, 많은 아이들이 좋은 말씀과 사랑을 배우고 있어서 너무 기쁘다. 지금까지 살아왔던 삶보다 더 많은 세월을 이곳에서 보내리라 결심하니 불현듯 가슴이 벅차오른다.

3_ 한 주를 새롭게 여는 월요일이다. 나는 이 날이 되면 마음을 새롭게 다잡는다. 오늘은 아침부터 인터뷰가 있다. 이번에 내가 내놓은 정책에 대해서 국민들의 관심도가 높아졌기 때문이다. 정치인이 된 지 10년이 지나면서 얻은 것이다. 이런 생각을 하면서 리포터와 카메라맨이 기다리는 홀에 들어섰다. 리포터는 나를 만난 것은 무척 영광이라고 하였다. 나는 오히려 그렇게 말해 주어서 고맙다고 하며 인터뷰를 시작했다.

내 삶의 전략지도

Part Three

계획을 세우지 않는 것은 실패할 계획을 세우는 것과도 같다

– 벤 프랭클린

● 　서울대학교 이면우 교수의 《신사고 이론 20》이라는 책에는 '황포돛대 이론'이 소개되어 있습니다. "어디로 가는 배냐, 어디로 가는 배냐 황포돛대야"라는 대중가요의 노랫말을 인용하면서 정처 없이 떠다니는 황포돛대의 이미지를 통해 목적 없이 사는 사람들에게 목표의식의 중요성을 일깨워 주고 있습니다. 노래 가사에 나오는 것처럼, 뚜렷한 목적지가 없는 배는 사공이 아무리 노를 열심히 저어도 언제까지나 제자리만 맴돌 수밖에 없습니다.

이면우 교수는 '황포돛대'는 잊어버리고 '사공의 노래'를 불러야 한다고 말합니다.
"이 배는 달 맞으러 강릉 가는 배, 어기야……"(사공의 노래 中)
즉 강릉이라는 목표지점과 달맞이라는 분명한 목적이 있는 노래를 기억해야 한다는 것입니다.
"자, 떠나자, 동해바다로…… 고래 잡으러…… 기차를 타고……"
(고래사냥 中)
혹은 위의 가사처럼 동해바다라는 목적지, 고래잡이라는 사명, 그리고 기차를 타고 갈 거라는 전략이 있는 노래를 부르자는 것입니다.[29]

3부를 더 재미있고 의미 있게 활용하는 방법

PART 2에서 사명선언문과 비전서술문을 작성함으로써 당신은 하나님께서 원하시는 최종 목표지점이 어디인지, 또 그곳에 도착해서 무엇을 해야 할지를 분명히 알게 되었습니다. 그렇다면 이제 당신은 그 목표지점까지 어떻게 갈 것인지에 대한 전략을 세워야 합니다. 그리고 그 전략을 실행에 옮기기 위해 무엇부터 어떻게 시작하여 어떻게 추진해 나아갈 것인가를 담은 프로젝트를 개발하고 그것을 어떤 순

서로 실행할 것인지에 관한 프로그램을 짜야 합니다.

이번 장에서 당신이 작성하게 될 전략지도와 삶의 로드맵, 3대 프로젝트, 프로젝트 기술서, 그리고 미래 이력서는 당신의 여정을 안내하는 길잡이가 될 것입니다. 뿐만 아니라 당신이 미로에 빠질 위험에 처했을 때 또는 당신이 지쳐서 주저앉고 싶을 때 방향을 알려주는 나침반이 되고 당신 몸을 기댈 수 있는 지팡이가 될 것입니다.

어느 시대 어느 나라를 막론하고 그 시대와 나라를 이끌었던 3%의 리더들은 비전과 목표 그리고 행동계획을 또박또박 글로 쓰는 습관을 가진 사람들이었습니다. 비전이라는 것은 대단히 광범위한 것입니다. 그래서 행동의 초점이 분명하지 않을 수도 있습니다. 따라서 일단 비전과 사명이 정해졌으면 그것을 글로 쓰고, 더불어 그것을 이룰 전략과 프로젝트 및 행동계획을 문서로 작성하고 지속적으로 관리해야 합니다.

글로 쓴 구체적인 전략과 구체적인 목표, 연필로 하는 기도는 구체적인 결과를 낳지만, 머릿속의 막연한 생각은 막연한 결과를 가져오는 것이 아니라 아무런 결과도 가져오지 않는다는 것을 기억해야 합니다.

나를 보좌해 줄 전략 참모들

세계적 베스트셀러 《생각하라, 그리고 부자가 되어라 *Think, and Grow Rich*》의 저자 나폴레온 힐은 커다란 업적을 남긴 영웅들을 존경했습니다. 그는 여러 영웅들 중에서 자기에게 가장 감명을 주었던 아홉 명을 선정했습니다. 그 아홉 명은 다음과 같습니다. 시인이며 철학자인 에머슨, 자동차의 왕인 헨리 포드, 철학자 페인, 생물학자 찰스 다윈, 아브라함 링컨, 식물학자 버뱅크, 프랑스 영웅 나폴레옹, 철강왕 앤드류 카네기가 그 아홉 명의 영웅입니다.

그는 잠들기 직전, 조용히 눈을 감고 그 영웅들이 자기와 함께 둘러앉아 있는 모습을 상상하곤 했습니다. 회의의 의장은 힐 자신이었습니다. 그는 의장으로서 모든 회의 참석자를 통제할 수 있었습니다. 그는 어떤 중요한 판단이나 결정을 해야 할 때 그 안건들을 이 상상의 회의에 부치곤 했습니다.[30]

각기 독특한 개성과 탁월한 식견, 세계적인 권위를 가진 사람들로 하여금 자신의 의견을 말하게 함으로써 힐은 모든 문제에 대해 최고 수준의 결론을 얻어내곤 했던 것입니다. 당신도 믿음의 영웅들을 상상 속의 전략회의에 초청하여 그들의 아이디어를 최대한 활용하면서 'My Life' 작성 작업을 완성하시기 바랍니다.

Self Talk　　　내가 개최할 '상상 속의 전략회의'에 참석할 위원들은

＿＿＿＿＿＿, ＿＿＿＿＿＿, ＿＿＿＿＿＿, ＿＿＿＿＿＿ 이다.

　나는 그 위원회를 밤마다 소집할 것이다. 잠들기 직전에 회의를 시작한다. 내가 바라고 있는 20년 후의 내 모습을 실제로 이루기 위한 전략과 행동계획들을 안건으로 상정할 것이다. 위원들은 틀림없이 번뜩이는 아이디어와 심오한 전략을 내 놓을 것이다. 위원들의 발언내용을 머릿속에 넣어 두었다가 ＿＿＿＿＿ 에 한 번씩 정기적으로 회의록에 기록한다. 이렇게 ＿＿＿ 개월만 계속한다면 나는 나의 비전을 이룰 수 있는 단서를 잡을 수 있을 것이다.

　나는 다섯 명의 위원들을 좀더 알기 위해 다음의 책들을 읽을 것이다.

(1) ＿＿＿＿＿＿＿＿＿＿＿＿＿＿＿＿＿＿＿＿＿＿＿＿＿＿＿＿

(2) ＿＿＿＿＿＿＿＿＿＿＿＿＿＿＿＿＿＿＿＿＿＿＿＿＿＿＿＿

(3) ＿＿＿＿＿＿＿＿＿＿＿＿＿＿＿＿＿＿＿＿＿＿＿＿＿＿＿＿

(4) ＿＿＿＿＿＿＿＿＿＿＿＿＿＿＿＿＿＿＿＿＿＿＿＿＿＿＿＿

(5) ＿＿＿＿＿＿＿＿＿＿＿＿＿＿＿＿＿＿＿＿＿＿＿＿＿＿＿＿

비전 성취를 위한 나의 전략

비전을 현실로 만들기 위해서는 전략을 수립해야 합니다. 사명을 완수하자면 많은 장애와 어려움이 따르고, 엄청난 노력과 희생이 요구됩니다. 그러므로 효과적인 전략 없이 사명을 완수하기란 사실상 불가능할지도 모릅니다.

신약성서에 나오는 예수 그리스도는 사상 최고의 전략가입니다. 왜냐하면 사상 최대의 혁명에 성공했기 때문입니다. 지구촌의 완전 복음화라는 사명을 완수하기 위한 그의 전략 중에서 대표적인 것 네 가지는 다음과 같습니다. 베드로-요한-야고보를 중심으로 이루어진 열두 제자, 즉 가장 가까운 핵심측근을 주변에 세우고 그들에게 역량을 집중하는 소수정예 전략. 한 사람 한 사람을 직접 대면하고, 그들에게서 내면적인 변화가 일어나게 함으로써 세상을 변화시키는 일대일 대인 전략. 시선은 세계를 향해 있었지만, 활동은 갈릴리라는 한 지역에서만 하는 지역 중심 전략. 영광의 자리에 오르는 것이 아니라 오히려 고난을 받음으로써 비전의 완전 성취를 확증하는 고난전략 등이 그것입니다.

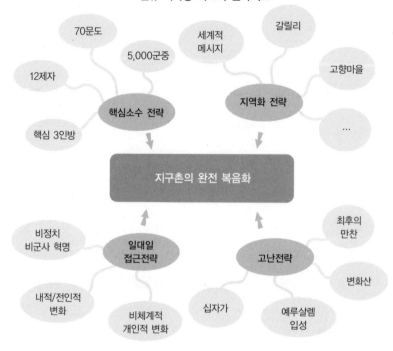

전략의 출발점은 전략목표의 설정입니다. 장기목표와 단기목표, 질적인 목표와 계수적인 목표, 유형의 목표와 무형의 목표, 그리고 프로젝트와 프로그램이 체계적으로 편성되어 있지 않다면 우리는 구체적으로 무엇을 해야 하는지 알 수 없습니다. 명료한 전략목표가 있어야 자기통제가 가능해지며 사명을 성공적으로 수행할 수 있게 되는 것입니다. 다음에 제시된 작성 사례를 참고하여 당신의 전략지도를 작성해 보시기 바랍니다.

카피라이터의 전략지도

나의 전략지도

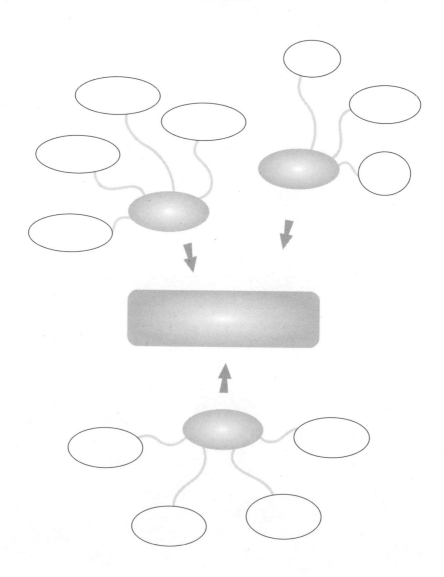

내 삶의 로드맵

2004년 5월 23일 한국 프로야구 정규리그 타격 순위를 보면 SK의 이진영 선수가 3할 7푼 6리의 타율로 1위, LG의 마틴 선수가 3할 6푼 4리로 2위, 한화의 이영우 선수가 3할 6푼 1리로 3위를 달리고 있었습니다. 타격 20걸 가운데 공동 20위였던 진갑용과 김창희의 타율은 3할 4리였습니다. 그러나 이 타율은 시즌이 끝날 때쯤이면 2할대로 내려가는 것이 상례입니다.[6]

우리가 꿈과 비전을 이룩하기 위해 설정하는 목표들도 마찬가지입니다. 목표를 35% 달성한다는 것은 굉장한 일입니다. 목표를 35% 달성했을 때, '나는 35점짜리 인생이다', '나는 실패자'라는 생각을 한다면, '목표 성취'의 진정한 뜻을 모르고 있는 것입니다. 만약에 목표를 세우지 않았더라면 비전의 5%조차 성취하지 못했을 것이라는 사실을 명심해야 합니다.

목표는 하나의 이상입니다. 이상은 현실이 아닙니다. 모든 목표를 100% 달성하는 것은 그야말로 '완벽'에 가까운 행위인데, 그런 능력을 발휘할 수 있는 사람은 더 이상 인간이라고 볼 수 없습니다. 그것은 컴퓨터나 로봇임에 분명합니다. 스스로 세운 목표에서 35%의 달성률을 보인다면 단연 최고라고 할 수 있습니다. 당신이 스스로의 삶을 디자인해야 하는 이유도 거기에 있습니다. 이것이 바로 "열심히 작성해 봤자 그대로 다 되지도 않을 텐데?"라는 질문에 대한 답입니다.[31]

로드맵을 작성하는 것은 앞에서 전략들과 프로젝트들을 히니의 프로그램으로 통합시키는 효과적인 방법입니다. 최고의 비전과 최고의 전략을 보여준 예수 그리스도는 역시 최고의 로드맵도 보여준 바 있습니다.

지구촌이라는 거대한 마을에 상륙하기 위해 일단 요한으로부터 세례를 받으심으로 교두보를 확보했습니다. 그리고 열두 제자를 훈련시키며 회당에서, 광야에서, 해변에서 가르쳤습니다. 베드로의 신앙고백을 통해 제1 목표지점에 도달한 것을 확인하고 최후의 만찬을 거쳐 겟세마네라는 제2 목표지점으로 방향을 잡았습니다. 바로 그 변화산에서 클라이맥스로 가기 위한 최종결단을 감행했습니다. 그가 보여준 삶의 로드맵은 인류의 영원한 모델이 되었습니다. 아래의 예를 참고삼아 당신의 삶의 로드맵을 그려 보시기 바랍니다.

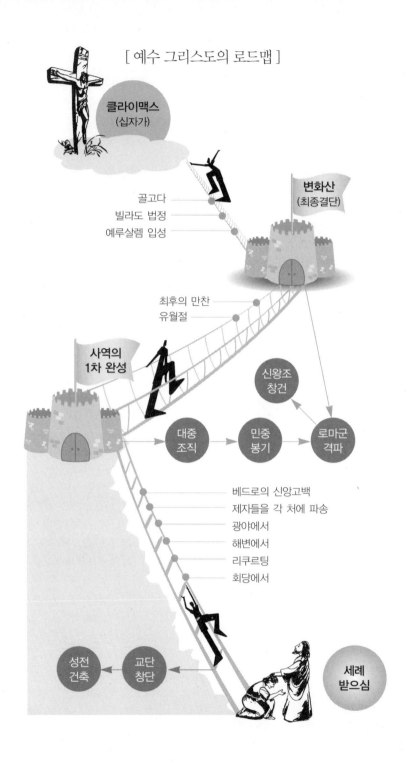

[예수 그리스도의 로드맵]

클라이맥스
(십자가)

변화산
(최종결단)

골고다
빌라도 법정
예루살렘 입성

최후의 만찬
유월절

사역의
1차 완성

신왕조
창건

대중
조직

민중
봉기

로마군
격파

베드로의 신앙고백
제자들을 각 처에 파송
광야에서
해변에서
리쿠르팅
회당에서

성전
건축

교단
창단

세례
받으심

[카피라이터의 로드맵]

서울
카피스쿨 설립

최종 목표지점

제2 목표지점

카피라이팅 분야 전문서적 저술
서울 카피스쿨 설립, 매년 40명 훈련
자유기고, 방송활동, 대중강연 본격화

프리랜서 및
카피라이터로서
독립된
사무실 운영

광고 전문가
카리파이터로서의
기초소양을
완성

제1 목표지점

창업

100명의 핵심 인맥 네트워크
50개 이상의 단골 기업고객 확보

연간 3,000시간 가상작업
1,000권 이상의 전문서적 탐독

석사학위 취득 및 광고 전문직 취업
100명의 광고계 전문가들과 Network 형성
500권의 광고관련 서적 탐독

부르심

[한의사의 로드맵]

질병을 넘어
사람을 고치는
인술의 완성

최종 목표지점

제2 목표지점

대중서적 출간
다국적 봉사단체에서 의술활동
'국경없는 의사회' 가입

의술과
리더십을
겸비한
한의사

세계수준의
한의과 대학 입학

제1 목표지점

결혼(가장으로서 개인적 성장)
인턴 / 레지던트 과정 완료
다양한 인생체험

Total well-being
균형잡힌 가치관과 사고능력 개발
고교내신 / 수능성적 최고로 올리기

부르심

Self Talk

그렇다. 자기에 대하여 기록된 대로 가는 것, 즉 자기 삶에 대한 하나님의 설계도를 따라 사는 것이야말로 비저너리의 갈 길이다. 나는 나에 대하여 성령의 감동으로 기록된 다음의 로드맵을 따라 살아갈 것이다.

[나의 로드맵]

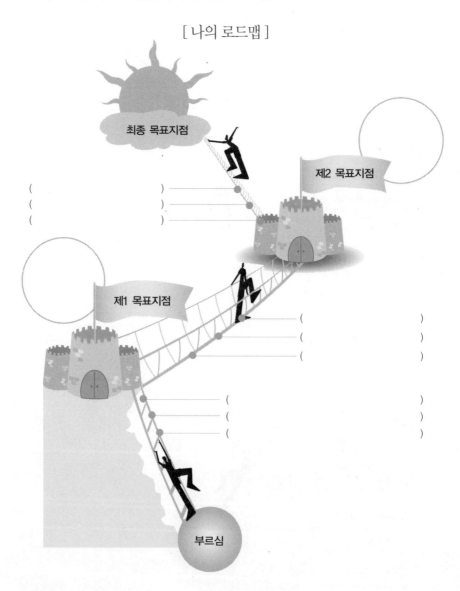

"I have a dream"

목적을 달성하기 위해서는 항상 전략이 필요합니다. 가게가 10,000원에 사들인 상품을 5,000원에 파는 것은 단골손님을 많이 확보하기 위한 전략입니다. 단골손님이 많아지면 반 가격에 팔았을 때 생기는 손실을 보충하고도 남기 때문입니다. 싸게 파는 것 말고도 단골손님을 확보하는 방법은 많이 있습니다. 백화점이 아파트 사이를 오가는 셔틀버스를 운행하는 것이나 정기적인 교양강좌를 무료로 여는 것도 한 가지 방법이 될 수 있습니다.

'단골손님 확보' 라는 목표를 달성하기 위한 세 가지 개별적 실천계획을 여기서는 프로젝트라고 부르겠습니다. 즉 프로젝트란 어떤 목표를 달성하기 위한 행동계획이라고 볼 수 있지요. 예를 들어 '단골손님 확보' 라는 목표는 주로, 가격인하 프로젝트, 셔틀버스 프로젝트, 그리고 교양강좌 프로젝트가 얼마나 우수한지에 따라 그 성패가 결정됩니다.

어떤 사람의 사명이 광고의 업그레이드를 통한 하나님 나라의 확장이라고 했을 때, 궁극적으로 그것을 달성하려면 '박사학위 프로젝트' , '500개 기업고객 확보 프로젝트' 라는 전략적 프로젝트들이 필요할 수 있습니다.

나는 앞에서 사명과 비전을 현실로 만들기 위한 전략을 적어 보았다. 그러한 전략의 성공여부는 전략과 함께 기록한 프로젝트들이 과연 얼마나 충실히 수행되느냐에 따라 결정될 것이다. 꿈을 현실로 만들기 위해, 진정한 성숙과 성공의 기쁨을 맛보기 위해, 그리고 성령 안에서 온전한 희락을 누리기 위해 나는 152페이지에 적은 프로젝트들 중에서 1차적으로 다음 세 가지 프로젝트들을 탱크처럼 밀고 나갈 것이다.

내 생애의 우선순위 1번 프로젝트는

까지

하는 것이다.

*아래의 예를 참조해 보세요

1_ 2008년까지 독립영화제에 입상해 일단 영화계에 이름을 알리고, 대학원에 진학해서 더 깊은 이론을 배우는 것이다.

2_ 2005년 4월까지 장학생이 되어서 탁월한 영어 실력을 가지고 미국 또는 유럽의 최고 MBA 학교로부터 입학 허가서를 받는 것이다.

3_ 2007년 3월에 명문대 한의예과에 입학하는 것이다.

내 생애의 우선순위 2번 프로젝트는

까지

하는 것이다.

* 아래의 예를 참조해 보세요

1_ 2018년까지 영화계에 직접 뛰어들어 자신만의 영화를 만들고 100명 이상의 영화인들과 네트워크를 형성하는 것이다.

2_ 2009년까지 미국 또는 유럽의 선진 유통·소비재 기업의 노하우를 체득하는 것이다.

3_ 2020년까지 한의예과 과정을 수료하고 보건소에서의 군복무, 인턴, 레지던트 근무를 완료하여 능력 있는 진정한 한의사로서의 모든 준비과정을 마치는 것이다.

내 생애의 우선순위 3번 프로젝트는

_____ 까지 _____

_____ 하는 것이다.

* 아래의 예를 참조해 보세요

1_ 2025년까지 탄탄한 자본을 가진 영화 스쿨을 설립하여 매년 40명 이상의 인재들을 배출하는 것이다.

2_ 2015년까지 다양한 기업에서 매니저 혹은 컨설턴트로 일하면서, 유통·소비재 산업의 전략 및 경영혁신 분야의 획기적인 저서를 출간하는 것이다.

3_ 2035년까지 다양한 의술활동을 하고, 이를 통해 심도 있는 연구를 하여 전통적 치료법을 계승하고 동양적 의술의 대중화에 기여하는 베스트셀러를 출간하는 것이다.

이제 위에 적은 세 가지 프로젝트를 계획적으로 이뤄내기 위해서 프로젝트 기술서를 작성할 시간이다.

프로젝트 기술서 작성 방법

당신은 이미 앞에서 사명을 위한 전략을 세워 보고 각 전략에 대한 프로젝트도 만들어 보았습니다. 이제는 사명과 비전을 완수하기 위한 프로젝트 중 가장 우선적인 것 세 가지를 뽑아서 프로젝트 기술서를 작성해야 합니다. '프로젝트 기술서'는, 댄스 플로어에 그려진 스텝 표시나 신문에 나오는 바둑의 묘수처럼 올바른 행동을 알려 주는 지침서 같은 역할을 합니다.

프로젝트의 내용은 지속적인 보완과 수정을 전제로 하고 있습니다. 삶의 변화에 따라 프로젝트도 업그레이드돼야 하기 때문입니다. 프로젝트 기술서를 통해 자신의 프로젝트를 손질하면서 계속 업그레이드시켜 나가다 보면, 다시금 정열이 솟는 것을 느낄 수 있을 것입니다. 물론 수정을 통해 애초에 계획하지 않았던 일들을 하게 될 수도 있지만, 비전의 큰 흐름은 변하지 않습니다. 새로운 것을 배워 나가는 즐거움이야말로 '어린아이가 놀이에 열중할 때 발산되는 즐거움'과 가장 비슷할 것입니다.

변화를 두려워하지 않고 그것을 적극적으로 포용하는 자세를 가지면, 좀더 많은 기회를 가질 수 있습니다. 스스로 멋진 삶을 창조하는 당신…. 그러한 당신을 위해 다음과 같은 프로젝트 기술서를 작성해 보시기 바랍니다.

프로젝트 기술서에는 비전을 작성하는 공간, 핵심적인 협력자의 이름을 쓰는 공간, 프로젝트를 어떻게 달성할 것인지에 대한 활동개요를 쓰는 공간과 발생할 수 있는 문제점과 해결책을 적는 공간이 있어야 합니다.

항목을 채울 때는 진지한 마음으로 빠짐없이 기록하도록 하고, 특히 활동개요란에는 당신이 실천할 구체적인 행동들을 기록해야 합니다. 또한 협력자를 쓰는 공간에는 당신의 이야기를 들어주고, 적절한 조언을 해주며 언제든지 도와줄 수 있는 사람의 이름을 쓰는 것이 좋습니다.[32]

예 1. 대학생 K의 프로젝트 기술서

- **프로젝트 명칭** : 카피 짱 - 4(4년 내에 최고 보수를 받는 카피라이터)

- **활동개요** : 학교를 다니면서 광고 및 경영관련 공모전에 참가하고 이를 통해 광고인으로 성장하기 위한 대인관계의 기반을 다진다. 기업의 인턴십이나 광고연합동아리 등의 활동을 통해 광고분야의 이론 및 실무에 대한 감각을 쌓는다. 대학원과정과 기업에서의 실무경험이 광고대행사입사와 업무실적 향상에 도움이 되도록 한다. 규칙적인 자기관리를 통해 일과 삶, 몸과 마음의 균형을 이루어 간다.

- **결심 선언** : 나는 2004년 6월 1일부터 행동을 개시하여 늦어도 2011년 3월까지는 이 프로젝트를 반드시 완료할 것이다.

- **프로젝트를 완성했을 때의 모습과 그때 내가 얻게 될 장점들 :**
(1) 광고 전문가가 되기 위한 이론적, 실무적 지식 획득
(2) 광고 관련 인적 네트워크를 구축하고 이를 통한 잠재고객 확보
(3) 광고 관련 서적과 프로젝트에 대한 DB구축을 통해 카피스쿨 설립과 저술의 기반 마련

- **할 일 목록**

순 서	할 일	시작하는 날	끝내는 날
1	공모전 참가 및 수상	2004. 1	2004. 3
2	토익점수 900대까지 향상	2004. 6	2004. 12

3	대학원 입학 및 학점관리	2005. 3	2007. 2
4	기업 아이디어 인턴 활동	2004. 11	2006. 7
5	입사 추천 광고대행사 조사	2006. 8	2006. 9
6	광고대행사 접촉 및 입사	2006. 9	2006. 10

- **발생할 수 있는 문제점**
(1) 대학원 학비 부족
(2) 대학원 시간과 인턴 근무 시간, 그리고 개인적인 많은 일들을 어떻게 효과적으로 관리할 수 있는가에 대한 문제
(3) 꽉 짜인 스케줄로 인한 인간관계 유지의 어려움

- **해결책**
(1) 파트타임을 통한 단기적인 소액보다는 공모전 수상이나 광고 프로젝트 참여 등을 통해 경제활동과 경력개발 활동을 같이 해서 문제해결
(2) 세세한 사항까지 일간 / 주간 / 월간 업무 리스트를 작성하여 시간을 효율적으로 관리
(3) 전화나 이메일 등을 이용해 메시지를 자주 전함으로써 대인관계 유지

- **핵심적인 협력자** : 부모님, 이○룡 · 이○천 · 조○식 교수님, 양○훈 (제일기획), 강○욱(LG전자)

예 2. 회사원 L의 프로젝트 기술서

- **프로젝트 명칭** : 미국 MBA 학교의 입학 허가서 획득

- **활동개요** : 우선 GMAT 및 TOEFL 점수를 확보하고, 이후 각 학교별 특성과 에세이 주제, 지원 일정들을 조사한 후, 계획을 세워 1, 2, 3차 라운드로 나누어 차례로 지원한다. 그리고 적극적으로 '입학사정회'와의 인터뷰를 준비한다.

- **결심 선언** : 나는 2004년 5월 1일부터 행동을 개시하여 늦어도 2005년 5월 31일까지는 이 프로젝트를 반드시 완수할 것이다.

- **프로젝트를 완성했을 때의 모습과 그때 내가 얻게 될 장점들** :
(1) 경영, 전략, 혁신에 대한 지식 기반을 조성하고 인맥을 형성하는 데 기반이 되는 MBA 생활이 현실로 다가옴
(2) 국제적인 커뮤니케이션 능력이 향상되고 자신감을 획득함
(3) 10년간의 학교 공부와 직장생활에서의 경험을 정리하고 체계화할 기회를 확보함

- **행동목록**

순 서	할 일	시작하는 날	끝내는 날
1	GMAT 720(AWA4.5) 이상 획득	2004. 4. 1	2004. 5. 26
2	TOEFL 630 이상 획득	2004. 6. 1	2004. 7. 31
3	학교 research 완료(Web&설명회)	2004. 8. 1	2004. 9. 30

4	(학교별) Essay 준비 완료	2004. 7. 1	2004. 11. 31
5	추천서 10개 확보	2004. 7. 1	2004. 11. 31
6	인터뷰를 위한 회화 공부	2004. 8. 1	2004. 10. 31
7	학교별 지원 및 인터뷰 follow-up	2004. 10. 10	2005. 1. 31
8	학교별 평가현황 지속적으로 확인	2004. 12. 1	2005. 4. 30

- **발생할 수 있는 문제점**

(1) 임신을 해서 아이를 낳게 될 경우

(2) 체력적인 한계에 봉착

(3) 직장일과 개인적 계획 사이의 충돌과 시간 조정의 어려움

- **해결책**

(1) 가족들의 적극적 지원이 절대적이다. 만약 합격을 하고도 출산으로
    입학이 어려울 경우, 학교 측의 지원을 얻어낼 수 있도록 이러한 지
    원이 가능한 학교를 사전에 찾아본다.

(2) 매일 아침 수영을 앞으로 매일 1시간씩 꾸준히 한다.

(3) 업무 시간 중의 집중도를 극대화하여 주말 시간을 철저히 확보한다.
    또한 비즈니스 외서를 읽고 CNN뉴스를 들어서 지식을 습득하는 동
    시에 영어를 공부할 수 있게 한다.

- **핵심적인 협력자**

(1) 가족

　　－ 남편 : 방향설정에 대한 조언자, 상담자, 가사일 분담

　　－ 엄마 : 임신 · 출산 시 나를 보살펴 주시고 아기를 돌보심

(2) MBA 지원 과정

    – 아버지 : 에세이 준비를 도와주심

    – 성○헌, 이○훈, 신○철 : 에세이 및 학교 정보 지원, 지원 경험 조언

    – 이○용, 우○겸 : 학교별 정보 지원

(3) 추천서

    박○범, 박○규, 이○욱, 송○열, 조○성, 이○재, 김○대

예 3. 고교생 Y의 프로젝트 기술서

- **프로젝트 명칭** : 한의예과 입학

- **활동개요** : 부족한 과목은 과외 및 학원 수업으로 실력을 보충한다. 영어는 학원에서 배우고 수학은 누나에게 배운다. 또한 공부하는 방법과 수험생활 관리에 대해서도 누나에게 도움을 받는다. 정기적으로 EBS 강의를 시청하며 CNN 시청을 통해 영어 듣기능력을 향상시킨다.

- **결심 선언** : 나는 2005년 6월 1일부터 행동을 개시하여 늦어도 2009년 2월 1일까지는 이 프로젝트를 반드시 완성할 것이다.

- **프로젝트를 완성했을 때의 모습과 그때 내가 얻게 될 장점들** :
(1) 탁월한 한의사로 성장하기 위한 디딤돌 확보
(2) 목표를 달성하기 위한 자기관리 능력을 확인하고 자신감이 길러짐
(3) 최고 수준의 동기들 및 교수님, 선후배 네트워크를 얻을 수 있음

- 활동목록

순 서	할 일	시작하는 날	끝내는 날
1	영어학원 검색 및 등록	2005. 6. 1	2006. 12. 31
2	수학 과외	2005. 6. 1	2005. 12. 31
3	EBS 시청 및 녹화, 복습	2005. 6. 1	2006. 12. 31
4	하루 30분씩 운동	2005. 6. 1	2007. 12. 31

- **발생할 수 있는 문제점**

(1) 내가 원하는 대학의 한의예과에 불합격하는 경우

(2) 재수를 통해서도 불합격하는 경우

(3) 수험생활에 있어서의 체력의 저하

- **해결책**

(1) 2지망, 3지망 학교는 없다는 생각으로 최선을 다한다. 불합격할 경우 재수를 함으로써 지금 원하는 한의예과에 꼭 진학한다.

(2) 삼수까지 도전한다. 다만, 삼수 때는 2, 3지망의 한의예과를 포함시킨다.

(3) 팔굽혀 펴기, 윗몸 일으키기, 아령, 줄넘기를 매일 30분 이상 한다.

- **핵심적인 협력자**

　　- 엄마 : 힘든 수험생활의 심적 · 물적 후원자

　　- 누나 : 슬럼프 없는 수험생활을 위한 조언과 수학 과목 지도

　　- 석○준, 서○기 : 공부하는 자세를 가르쳐 줌

　　- 사촌형 : 한의사로서 성장하기 위한 모든 부분에 있어서의 멘토

나의 프로젝트 기술서

- **프로젝트 명칭 :**

- **활동개요 :**

- **결심 선언 :** 나는 _____ 년 _____ 월 _____ 일부터 행동을 개시하여 늦어도 _____ 년 _____ 월 _____ 일까지는 이 프로젝트를 반드시 끝내고 말 것이다.

- **프로젝트를 완성했을 때의 모습과 그때 내가 얻게 될 장점들 :**

(1) _____

(2) _____

(3) _____

- 활동목록

순 서	할 일	시작하는 날	끝내는 날

- 발생할 수 있는 어려움

(1)

(2)

(3)

- 해결책

(1)

(2)

(3)

- **핵심적인 협력자**

이름 _____ 내용 _____ 이름 _____ 내용 _____

이름 _____ 내용 _____ 이름 _____ 내용 _____

이름 _____ 내용 _____ 이름 _____ 내용 _____

이름 _____ 내용 _____ 이름 _____ 내용 _____

이름 _____ 내용 _____ 이름 _____ 내용 _____

미래 이력서

   1958년, 한 미국 유학생이 자신의 인생 여정 경로와 미래의 모습을 계획하면서 다음과 같이 미래 이력서를 작성했습니다.

   그리고 그가 미래 이력서를 작성한 지 42년이 지난 2000년 여름, 그는 《50년의 약속》이라는 자전적 소설을 내 놓으면서 다음과 같이 술회하고 있습니다.

   "나의 미래 이력서에 의하면, 나는 1960년에 박사학위를 받는 것으로 되어 있었다. 비록 1년 늦었지만 그 비전은 실제로 성취되었다. 나는 34세에 한국 문교부 고등교육국장이 되었으며, 39세 되던 1969년부터 이미 단과대학 학장으로 일하기 시작했다. 그리고 51세에 경희대학교 부총장이 되었고, 54세에는 다른 종합대학의 총장이 되었다. 이것은 내가 글로 적은 것보다 여러 해 앞당겨진 것이었다."

   "나는 미래이력서를 쓴다는 것은 컴퓨터 프로그래밍과 비슷하다고 생각하기에 이르렀다. 미래에 대한 비전을 훈련하고 그것을 달성하기 위해 목표를 설정할 때, 우리는 의식적이든 무의식적이든 그 방향을 향해 가게 마련이다. 우리가 과거를 돌이켜 보건대 우리 스스로가 계속적으로 생각하였던 방향을 끊임없이 살아왔음을 발견하게 된다. 우리가 차지하였던 지위가 어떤 것이었든 간에, 우리는 '하나님의 나라'를 지향하기 위한 똑같은 길을 계속해서 걸어왔다. 몇 번이고 되풀이해서 '이 모든 것들'의 축복으로 풍요롭게 살아왔다."

당신도 앞에 작성한 내용들을 바탕으로 자신만의 미래 이력서를 작성해 보십시오. 아래의 예문을 참고하면서 작성하면 훨씬 쉽게 완성할 수 있을 것입니다. 작성할 때는 아래 칸에서부터 최근 계획을 적어나가십시오. 당신이 이룩해야 할 최고 목표가 표의 제일 위칸에 오도록 말입니다.

예. 회사원과 고교생의 미래 이력서

나의 사명선언문과 10년 후, 20년 후에 도달할 모습, 내가 디자인해 둔 삶의 로드맵을 모두 종합해서 작성된 나의 최종목표는 늦어도 2025년까지 최고의 유통·소비재 기업의 CEO가 되어 종업원, 고객, 주주, 국가 모두에게 특별한 가치를 전달하는 최고의 경영 사례를 창출하는 것이다.

나는 이 목표를 효과적으로 달성하기 위해 1차적으로는 최고의 MBA 과정을 거쳐 최고의 전략 컨설턴트가 될 것이다. 그리고 국내외 다양한 기업을 돕고 지식을 습득하여 베스트셀러를 저술할 것이다. 나의 이러한 전략을 요약하여 미래 이력서를 작성해 보면 다음과 같다.

* 아래의 예를 참조해 보세요

회사원 L의 미래 이력서	
2035 ~ 2045	활발한 강연 및 저술 활동, 컨설팅 활동
2025 ~ 2035	유통 / 소비재 기업 창립 및 경영, 성공적인 해외 진출, 대학 강의
2015 ~ 2025	유통 / 소비재 기업 전략 − 혁신 담당 임원 및 전문경영인
2014 ~ 2014	세계여행 − 선진유통기업 탐방 및 인터뷰 / 책 집필
2009 ~ 2013	최고의 전략컨설팅 Consultant − Manager − Partner
2007 ~ 2009	외국 선진 유통 / 소비재사에서 현지 manager로 근무
2005 ~ 2007	Top MBA
2004 ~ 2005	Strategy / Change / Innovation 분야 현장경험

사무실 내 책상에서

2004년 5월 30일

작성자 성명 : 이준혁(○○기업 마케팅 팀 대리)

안정실의 미래 이력서	
2041 ~ 2045	의료 학교를 세움
2040~2045	의료 학교를 세움
2030~2040	여러 나라를 돌아다니며 의료 선교사직을 함
2018~2030	병원 일을 하면서 무료 봉사를 해줌
2018~2030	○○병원 원장으로 일함
2014~2017	○○병원 인턴으로 일함
2013~2014	○○병원 레지던트로 일함
2006 ~2012	서울 대학교 의예과에 다님

광주 내 방에서

2004년 6월 16일

작성자 성명 : 안정실(광주아가피아 독서스쿨, 고2)

Self Talk 나의 사명선언문과 내가 10년 후와 20년 후에 도달할 모
습, 내가 디자인 해 둔 생애 로드맵을 모두 종합해서 작성
된 나의 최종목표는 늦어도 _____ 까지 _____ 이
되어 _____ 을 하는 것이다.
나는 이 목표를 효과적으로 달성하기 위해 1차적으로 _____ 이
되어 _____ 을 함으로써 최종목
표에 가깝게 다가갈 것이다. 나의 이러한 전략을 요약하여 미래 이력서를
작성해 보면 다음과 같다.

나의 미래 이력서	
~	
~	
~	
~	
~	
~	
~	
~	
~	
~	

_____ 에서

_____ 년 _____ 월 _____ 일

작성자 성명 : _____

나의 전략이 성공할 수밖에 없는
20가지 이유

어떤 풋볼 팀이 중요한 경기에서 21점 차로 지고 있었습니다. 팀의 모든 구성원들은 그날의 게임을 포기하고 다음 게임에 대비한다는 마음을 가지고 있었습니다. 그러나 코치의 생각은 달랐습니다. 그는 선수들에게 그날의 경기를 이길 수밖에 없는 이유를 생각나는 대로 말하게 했습니다. 처음엔 모두가 묵묵부답이었습니다. 그러나 잠시 후 선수들은 그날 자신들이 이길 것 같은 이유를 한 가지씩 말하기 시작했습니다. 곧 그 이유들은 50가지를 넘어섰습니다. 그들은 질 수밖에 없는 이유들을 버리고 이길 수밖에 없는 이유들에 집중하기 시작했고, 그 결과 실제로 경기에서 이겼다고 합니다.[33]

Self Talk 나는 사명선언문을 작성했고 5년 후, 10년 후, 20년 후의 내 모습을 마음의 눈, 믿음의 눈으로 그려 보고, 그것을 문장으로도 작성했다. 생애 로드맵도 완성했고 마지막으로 미래 이력서도 작성했다. 다른 사람들은 어떻게 생각할지 모르지만 나는 내가 글로 쓴 비전과 전략과 목표들이 반드시 성취될 것임을 잘 알고 있다. 왜냐하면 다음과 같은 20가지 이유들이 있기 때문이다.

(1)

(2)

(3)

(4)

(5)

(6)

(7)

(8)

(9)

(10)

(11)

(12)

(13)

(14)

(15)

(16)

(17)

(18)

(19)

(20)

* 아래의 예를 참조해 보세요

1_ 많은 사람들에게 유익을 주는 일이기 때문에

2_ 비전을 바라볼 때마다 가슴에서 뜨거운 열정이 솟아나기 때문에

3_ 항상 내 뒤편에 서 계시는 부모님의 헌신적인 사랑과 응원이 있기 때문에

4_ 힘든 일이 있을 때 낙망하거나 지치지 않게 노래할 수 있기 때문에

5_ 크고 작은 실수와 실패를 통해 얻은 경험이 큰 힘이 될 수 있기 때문에

6_ 어디서 무엇을 하든지 자신감이 넘치므로

7_ 진실한 대화를 나눌 수 있는 친구들이 있기 때문에

8_ 오랜 시간 운동으로 다져진, 지치지 않는 체력이 있기 때문에

9_ 타고난 강한 집중력과 승부근성이 있기 때문에

10_ 나를 진심으로 아끼고 이끌어 주는 멘토가 있기 때문에

11_ 철저한 자기관리 훈련을 하고 있기 때문에

12_ 변화를 추구하고 매사에 도전적이고 창의적인 성격 때문에

13_ 사명선언문과 생애의 3대 프로젝트 등 글로 쓴 구체적인 비전이 있기 때문에

14_ 사실을 사실대로 말하는 습관이 몸에 배어 있기 때문에

15_ 탁월한 식견을 가진 상상 속의 전략참모들이 있기 때문에

16_ 부단히 책을 읽으며 거기서 삶의 지혜를 터득해 가고 있기 때문에

17_ 선천적인 예술 감각이 있기 때문에

18_ 내가 하고자 하는 일은 지속가능한 지구를 위해 반드시 필요한 것이기 때문에

19_ 늘 경성하며 이웃을 섬기기 때문에

20_ '마이 라이프' 를 가지고 있기 때문에

몸과 마음을
새삼
가다듬으며

Part Four

우리들의 행복은 건강에 의해 좌우된다.
건강은 바로 만사의 즐거움이자 기쁨의 원천이다.

– 쇼펜하우어

● 　　언젠가 미국의 CBS TV에서는 한 장의 초상화를 보여 주었습니다. 그 초상화는 전설 속 이야기의 주인공이었습니다.

소아시아에 있는 한 나라의 왕이 문둥병에 걸려 고생을 하고 있었다고 합니다. 그런데 '갈릴리'라는 시골 동네에 사는 한 청년이 있는데 아무리 지독한 병이든지 그 청년이 손만 갖다 대면 그 자리에서 깨끗해진다는 소문을 들었습니다. 왕은 사신을 보내어 그 청년을 모셔 오라고 했습니다. 사신은 금과 은을 말에 싣고 중동의 갈릴리 지방으로 가서 청년에게 자기 나라로 가 줄 것을 간청했습니다. 그러나 청년은 갈릴리에서 해야 할 일이 있다며 끝내 사양했습니다.

사신은 청년을 설득하기 위해 몇 번 만나는 사이에 군중들에게 진리를 가르치는 청년의 모습을 보고 깊은 감동을 받았습니다. 그리하여 자기 나라로 돌아가는 것도 잊고 청년을 계속 따라다니며 그의 가르침을 듣다가 끝내 그가 처형당한 골고다 언덕까지 따라갔다고 합니다. 그 후 사신은 자기 나라에 돌아가서도 그 청년을 잊을 수 없어 기억을 더듬어 그 모습을 화폭에 담았다고 합니다.

CBS가 방송을 하던 당시 갈릴리에서 그를 직접 목격했던 사신이 그린 바로 그 문제의 초상화는 미국의 A&P사 사장이 소장하고 있었습니다. CBS가 수분간 보여준 청년의 모습은 우리가 흔히 보던 초상화들과 큰 차이가 있었습니다. 청년을 직접 만난 적이 없는 라파엘을 비롯한 예술가들이 그린 그림에는 파리하고 여윈 몸의 젊은이가 엎드려 기도하는 모습이 보입니다. 그러나 그를 눈으로 직접 보고 이야기를 해 보고 악수를 나누어 본 사람이 그린 초상화 속의 청년은 키가 크고 건장하며 활력이 넘치면서도 인자함과 겸허함을 동시에 담고 있는, 자석처럼 사람의 마음을 끄는 모습이었다고 합니다.

역사상 가장 원대한 비전의 소유자였으며 세계 역사에 가장 크고 근본적인 변혁을 일으킨 리더, 리더들의 리더로 알려져 있는 그는 결코 정신만 성숙하고 몸은 보잘 것 없는 모습이 아니었습니다. 위대한 정신에 걸맞게 온전한 몸의 소유자였습니다. 그의 몸은 마치 삶의 비전을 새겨 넣은 비석과도 같았으며, 몸 그 자체가 자기는 어디서 왔으며 지금은 어디에 있고 또한 어디로 가고 있는지를 아주 명쾌히 설명하고 있는 듯했습니다.

표정은 온화하고, 목소리는 밝고, 척추는 일직선으로 곧게 뻗고, 어깨-가슴-엉덩이의 좌우가 정확히 대칭을 이루며, 앞으로나 뒤로 기울거나 치우치지 않은, 온전한 균형을 이루고 있는 몸의 소유자는 비전 있는 사람일 가능성이 높습니다. 어깨는 벌어지고 가슴은 넓고 허리는 날씬하고 팔다리의 근육에 힘이 넘쳐나는 사람은 자기가 도달해야 할 목표지점이 어디인지를 알고 있으며 또 실제로 그 길을 가고 있는 사람입니다. 왜냐하면 몸이 마음을 향해 "이쪽이야, 이쪽, 이쪽으로!"라는 신호를 계속 보내주고 있기 때문입니다.

반대로, 앞으로 굽었거나 뒤로 젖혀지거나 왼쪽 또는 오른쪽으로 기울어진, 가지런하게 정비되지 못한 몸은 비전을 왜곡시키거나 아예 포기하도록 유도합니다. 일그러진 몸은 언제나 마음을 향해 "넌 틀렸어, 생긴 대로 놀아라! 그냥 살던 대로 살아!" 라는 일그러진 메시지를 보냅니다. 그래서 보이지 않는 사슬로 마음을 묶어서 한 발짝도 앞으로 나아갈 수 없게 합니다.

우리의 몸은 우리의 비전을 적어놓은 이정표입니다. 우리에겐 몸에 나타난 만큼의 비전이 있습니다. 몸에 나타나지 않는, 머릿속에만 있는 비전이란 있을 수 없습니다. 생각으로 몸을 컨트롤할 수 있는 바로 그만큼 몸으로 생각을 일깨울 수 있습니다. 생각으로 몸을 움직이는 것보다 몸으로 생각을 움직이는 것이 더 빠르고 확실합니다.

그렇기 때문에 포기할 수 없는 사명과 비전을 바라보며 사는 사람은 토털 웰빙의 상태를 유지해야 합니다. 운동-휴식-섭생을 하나의 프로그램으로 아우르는 체력경영 전략이 필요합니다. 기공, 요가, 스트레칭, 에어로빅, 등산, 달리기, 수영, 농구, 축구, 야구, 배구, 탁구, 테니스, 골프, 또는 보디빌딩, 그 어떤 것이든 자기에게 맞고 즐겁게 할 수 있는 종목을 선정해서 규칙적으로 운동을 하지 않는 사람은 꿈을 현실로 이루어 낼 사람도 아니고 리더도 아닙니다. 마찬가지로, 휴식과 섭생에 관한 자기 나름의 프로그램이 없는 사람은 참된 의미의 리더가 되기 어려운 사람입니다.

4부를 더 재미있고 의미 있게 활용하는 방법

당신의 비전여행은 이제 본 궤도에 진입했습니다. 목적지가 정해졌고, 또 목적지까지 어떻게 갈 것인지를 상세하게 보여 주는 로드맵도 완성했습니다. 이제부터는 오직 전속력으로 달리고 또 달리는 일만 남았습니다.
달리다 보면 가파른 언덕이나 늪지대를 지날 때도 있을 것입니다. 때로는 맹수들의 공격을 받기도 하고 사나운 날씨와 싸워야 할 때도 있을 것입니다. 그래서 그 길을 따라가는 여행자들은 불필요한 소지품들을 과감히 던져버려야 합니다. 불필요한 소지품들은 앞으로 나아가려는 당신의 발목을 붙잡고 몸을 처지게 합니다. 당신이 버려야 할 쓰레기는 게으름일 수도 있고, 부정적인 생각, 오래된 마음의 병일 수도 있습니다.

비전을 종이에만 쓰는 것만으로는 충분치가 않습니다. 몸에도 새겨 넣어야 합니다. 몸은 디스켓이고 비전의 프로그램 파일입니다. 운동-휴식-섭생은 그 파일을 입력하는 과정입니다. 그 입력 작업은 주님의 명령입니다. 사명을 온전히 감당하기 위한 필수조건이기 때문입니다.

당신이 이번 장에서 치르게 될 쓰레기 태우기 의식, 용서의식, 몸으로 비전을 선포하는 의식은 당신의 부담을 털어내는 과정입니다. 이러한 과정들은 당신에게 여행자다운 가벼운 매무새를 갖추게 할 것입니다.

장미의 향기를 제대로 즐기는 법

목표지점까지 가는 여정이란 힘들고 아득한 것이라고 생각하는 사람이 많습니다. 그래서 대부분의 사람들은 목표지점에 이르면 그동안 누리지 못했던 것들을 누리며 즐길 것이라고 생각하면서 당장의 고통을 참아야 한다는 비장한 결심으로 그 여정을 시작하는 경우가 많습니다. 그런 생각은 잘못된 것입니다. 고통을 참아야겠다는 생각만으로 이 여행을 계속하다 보면 몸과 마음이 지치게 마련이고, 그러면 목표지점은 점점 더 멀어져서 나중엔 보이지도 않게 됩니다.

참고 또 참으며 그 먼 훗날의 즐거움을 위해 매일을 힘들게 생활하는 것은 오히려 실패로 가는 지름길입니다. 중도에 포기하지 않고 끝까지 자신의 목표지점에 도착하기 위해서는 매일매일의 여정이 기쁨으로 빛나야 합니다. 기쁨은, 무엇인가를 이루기 위해 괴로운 일들을 해치운 다음에 찾아오는 감정이 아닙니다. 그것은 목표지점을 향해 가고 있는 바로 지금, 우리가 매일매일 영위하는 삶 속에서 우러나야 하는 감정입니다.

목표지점으로 가는 과정 자체에서 즐거움과 행복을 찾지 못하면 결코 그곳에 이를 수가 없습니다. 그러기 위해서는 과정을 즐기는 법을 배워야 합니다. 장미 향기를 제대로 즐기기 위해서는 가시에 찔리는 것조차 기쁘게 여길 수 있어야 합니다. 비전을 이루기 위해서는 하기 싫고, 해 봐도 잘 안 되지만 꼭 해야 되는 일이 있습니다. 그럴 땐 차라리 그 일 자체를 즐거운 놀이로 생각할 수 있는 나름의 방법을 찾아야 합니다. 그래서 그 놀이를 맘껏 즐길 수 있어야 합니다.[34)

Self Talk 내가 지금 하고 있는 일, 해야 되는 일 중에서 아무런 보람도 느낄 수 없고 가장 하기 싫은 일, 아무리 해 보려고 애를 써도 결국엔 엉키고 마는 일들은 아래와 같다. 나는 이런 일들은 정말 하기가 싫다. 이런 일들을 해야 하는 모임이나 상황이 생기면 나는 무슨 수를 써서라도 그 자리를 피하는 경향이 있다. 그 중에 대표적인 것 세 가지를 들어 보면 다음과 같다.

(1) _____

(2) _____

(3) _____

*아래의 예를 참조해 보세요

1_ 격렬한 운동이나 팀을 이뤄서 하는 운동

2_ 남에게 협조나 도움을 부탁하는 일

3_ 말을 많이 해야 되는 일

4_ 많은 사람 앞에 나가서 발표하는 일

5_ 누구의 도움도 없이 혼자 선택하고 결정하는 일

6_ 정해진 규칙이나 계획에 맞추는 일

7_ 새롭고 기발한 것을 생각해내는 일

8_ 이익과 손실 같은 것을 숫자로 자세하게 따지는 일

9_ 전에 해 보지 않은 생소한 일을 시작하는 것

10_ 남을 비난하거나 싸우는 일

11_ 나의 약점이 드러나게 하는 일

12_ 시, 음악, 그림 등 예술 작품을 만들거나 감상하는 일

13_ 어른들이나 까다로운 사람에게 관행적인 인사를 해야 되는 일

14_ 책을 읽으며 새로운 개념이나 이치를 스스로 터득하는 일

15_ 복잡한 계산을 빠른 시간에 정확하게 하는 일

16_ 내 소개를 하는 일

17_ 생각을 많이 하고 무언가를 고려하는 일

18_ 외국어를 배우고 외국인을 상대하는 일

19_ 기계나 도구를 다루면서 하는 일

20_ 이곳 저곳을 돌아다니며 낯선 사람을 만나면서 하는 일

Self Talk   내가 위에다 적은 세 가지는 정말 하기 싫은 일들이다. 그러나 내가 작성한 사명선언문과 2025년의 내 모습을 생각해 보면 그 일들을 언제까지나 외면할 수는 없다. 위에 방금 적은 세 가지 중에서도 내 꿈과 가장 긴밀하게 연결되어 있는 일을 하나 선택해서 오늘부터 그것을 가장 좋아하는 놀이로 만들 것이다. 지금부터 내가 정면으로 도전해야 하는 과제는

이다.

이 일은 앞으로 3개월 동안 나의 가장 즐거운 놀이가 될 것이다. 이 일이 진정으로 즐거운 놀이가 되게 하기 위해 나는

_____

_____

_____

_____

*아래의 예를 참조해 보세요

1_ 내가 가상 하기 싫은 일은 체중을 조절하기 위한 조깅이다. 나는 먼저 만보기를 살 것이다. 첫날은 2,000보부터 시작한다. 그리고 매일 500보씩 늘려 간다. 만보를 달성한 날은 나를 바닷가로 초대하여 멋진 요리와 와인을 선물한다. 만보를 조깅한 날이 일주일에 5일 이상이면 주말에 영화나 연극을 한 편씩 선물한다.

2_ 가장 하기 싫은 일은 남에게 협조나 도움을 청하는 일이다. 나는 오늘부터 남이 나에게 협조나 도움을 청해오면 최대한의 친절로 최선의 협조를 할 것이다. 그러면서 상대방이 즐거워하는 모습을 음미한다. 그러면 나도 남에게 협조나 도움을 청하는 일에 자연스럽게 익숙해질 것이다.

3_ 나는 사람들 앞에서 발표를 하는 것은 딱 질색이다. 그러나 이제부턴 준비라도 철저히 할 것이다. 비록 처음엔 떨릴지라도 내가 준비를 철저히 하면 그만큼 두려움도 덜 할 것이다.

4_ 나는 남과 싸우는 것이 가장 싫다. 나는 이제부터 싸움이라는 말에 담겨 있는 부정적인 이미지를 없앨 것이다. 즉 '싸움은 나쁜 것', '꼭 승패가 갈리는 것'이라는 이미지를 없애겠다. 그 대신 싸움을 논쟁이라고 생각하고, 감정을 실을 필요가 없다고 스스로에게 다짐한다. 내가 옳다면 그 논리적인 다툼에서 이길 것이고 비겁하다는 자책감에서 벗어날 수 있을 것이다.

용서선언

최근 내면에 쌓인 감정의 찌꺼기를 없애기 위해 폭식을 하는 사람들 *emotional eaters*이 늘고 있습니다. 그러나 감정적인 폭식자들만 내면의 분노를 다스리지 못하는 것은 아닙니다. 세상의 많은 사람들이 자신 안에 똬리를 틀고 있는 미움을 어떻게 처리해야 할지 몰라 고민합니다. 미움으로 병들어 있는 마음은 폭식뿐만이 아니라 여러 가지 형태로 나타납니다. 답답한 가슴, 머리가 아픈 증세 등등. 미워하는 사람을 우연히 만나게 되는 것만으로 혹은 그 사람 생각을 하는 것만으로도 스트레스를 받습니다. 미워하는 사람이 있다는 것은 단지 그 사람에게만 국한된 문제가 아닙니다. 그 사람으로 인해 연상되는 힘들었던 상황, 감정 등이 아직도 고스란히 상처로 남아 있다는 것을 의미합니다.

그러한 사람들에게는 내면의 목소리를 계속해서 교란시키는 악마, 오랜 세월 동안 쌓인 '분노'라는 악마가 도사리고 있습니다. 그들에게는 삶의 변화와 도전을 이겨 낼 자신감이 없습니다. 그들은 내면의 속삭임을 따라 직업이나 목표, 사람에게 다가서는 방식을 바꾸게 되면, 감당할 수 없을 만큼의 감정적 부담을 느끼게 될 것이라고 지레 두려워합니다. 그들은 삶을 바꿔야 한다고 외치는 내면의 목소리를 무시하고 그냥 그 상태로 머물러 있는 것을 오히려 편하게 생각합니다.

그런 사람들은 '용서의식'을 통해서 그런 악한 감정들을 제거해야 합니다. 그래야만 정직한 직감력과 파워를 다시 되찾을 수 있습니다. 버튜*Doreen Virtue* 박사는 분노의 희생제물이 되어 있는 사람들에게 용서의식을 거행하라는 충고를 합니다.[35]

당신도 혹시 미워하는 사람이 있다면, 그래서 그 감정으로 인해 자신을 한때 옥죄었던 경험이 있다면 이제 용서선언을 시도할 차례입니다. 진정 미움과 분노에서 자유로워져야 합니다. 당신을 불편하게 했던 당황스러운 기억에서 자유로워지십시오. 한 번의 용서선언으로 모든 미움을 없앨 수는 없지만 이 선언을 계속해서 하다 보면 어느새 평안해져 있는 당신을 발견할 것입니다.

Self Talk

나는 1년에 한 번씩 그 누구의 방해도 받지 않고 최소한 1시간 이상 혼자 있을 수 있는 장소를 찾아갈 것이다. 전화기는 꺼 버릴 것이다. 종이를 두세 장 준비해서 거기에 나를 괴롭혔거나 분노하게 만들었던 사람의 이름을 모조리 적을 것이다. 죽었든 살았든 개인적으로 아는 사람이든 아니든 마음에 떠오르는 이름부터 적기 시작해서 계속 적어 내려갈 것이다. 이름이 기억나지 않으면 그냥 '초등학교 5학년 때 담임선생님', '중3 때 같은 반 잘난 척했던 반장' 등으로 적을 것이다. 리스트 맨 위쪽에 내 이름이 들어갈 수도 있다. 명단 작성이 끝나면, 명단에 있는 사람들의 이름을 한 명씩 불러서 큰 소리로 이렇게 말할 것이다.

"나는 이제 너를 완전히 용서하고 진정한 사랑의 마음으로 너를 놓아준다. 나는 우리의 관계 중 오직 사랑으로 인해 치유된 기억만을 간직하겠다. 나는 과거에 행해졌던 실수와 그것이 나에게 미친 악영향들을 전부 없던 일로 하고 그것들이 시간 속에서 영원히 잊혀지기를 명령한다."

내가 첫번째 용서선언에서 용서할 사람들의 이름	
①	⑥
②	⑦
③	⑧
④	⑨
⑤	⑩

내 삶의 쓰레기

　한 상인이 낙타를 타고 카라반을 따라 여행하고 있었습니다. 그러던 중, 하루는 사막 가운데서 야영을 하며 밤을 지새게 되었습니다. 중동의 사막지역은 낮에는 무척 덥지만 밤이 되면 상당히 추워집니다. 그런데 그날 밤은 기온이 유난히 더 내려가서 몹시 추웠다고 합니다. 주인은 텐트를 치고 안에서 따뜻하게 잘 수 있었지만 낙타는 별 수 없이 추운 밖에서 밤을 지새야 했습니다. 그래서 낙타는 코끝만 따뜻한 텐트 속에 넣게 해 달라고 애원하였습니다. 다른 곳은 그만두고 그저 코끝만이라도 좀 따뜻하게 해 달라는 것이었습니다.

　상인은 낙타의 애원을 들어 주었고 그래서 낙타는 코끝을 텐트 안에 넣을 수 있게 되었습니다. 그런데 이게 웬일입니까? 처음에 코끝만 넣게 해 달라던 낙타는 코끝을 밀어 넣는 걸로 시작해서 그야말로 천천히, 야금야금 머리를 밀어 넣는 것이었습니다. 그래서 상인은 몸을 조금 옆으로 옮겨 낙타가 머리를 놓을 수 있게 해 주었지요. 그랬더니 낙타는 머리를 전부 텐트 안으로 밀어 넣고, 곧이어 어깨와 앞발, 급기야는 등에 있는 두 혹, 게다가 뒷발까지 텐트 안으로 전부 밀어 넣는 것이었습니다. 그리고 마침내 텐트 전부를 점령하고 말았습니다. 주객이 전도된 셈이지요. 추운 바깥으로 밀려난 상인은 참으로 가련한 신세가 되고 말았습니다.[24]

우리들의 생각이나 행동 그리고 인품 속으로 낙타의 코끝처럼 없어져야 할 잡동사니, 삶의 쓰레기들이 매일매일 점령해 들어오고 있지는 않습니까? 꾸물거리거나 늑장을 부릴 때마다 인생의 대부분은 이러한 것들로 채워지고 맙니다. 뒤늦게 정신을 차려보면 자신의 인생에서 밖으로 밀려나 안을 기웃거리는 자신을 발견하게 되지요. 당신을 인생의 텐트 밖으로 밀어내고 있는 잡동사니들은 무엇입니까?

Self Talk 내 삶의 텐트 속으로 야금야금 밀고 들어와서, 나의 소중한 꿈과 설계도를 희미하게 만들고, 나의 자존심과 자신감을 한순간에 무너뜨려서 나를 패배의 나락으로 떨어지게 하는 대표적인 쓰레기들은 다음과 같다.

(1) --

(2) --

(3) --

* 아래의 예를 참조해 보세요
1_ 과식 혹은 편식, 과음, 흡연
2_ 몸이 약하고 소심하다는 열등감
3_ 게임, 만화, 채팅, 전자오락에 너무 빠져드는 습관
4_ 말을 잘 못하고 사교성이 없다고 포기하려는 경향

5_ 예전에 있었던 잘못이나 불행에 대한 집착

6_ 게으름 혹은 낮잠

7_ 유행에 지나치게 신경 쓰는 경향

8_ 이성관계

9_ 도박 또는 로또와 같은 복권에 대한 중독

10_ 과소비 및 낭비벽

11_ 좋은 학벌과 우수한 두뇌만 믿고 타인을 인정하지 않는 경향

12_ 집안의 넉넉한 재산이나 안정된 직장이라는 현실에 안주하려는 마음

13_ 훤칠한 키와 준수한 외모에 대한 자만심

14_ 뚱뚱하다는 자책감으로 모든 것을 포기하려는 경향

15_ 남의 시선을 지나치게 의식하는 습관

16_ 공주병, 왕자병

17_ 참을성이 없고 의지력이 약하다는 열등감

18_ 오랜 외국생활을 해봤다는 우월의식

19_ 수다 또는 험담, 거짓 또는 허풍, 수다

20_ 집안이 가난하고 학벌이 미미하다는 자포자기 심리

21_ 청산유수인 말솜씨를 너무 뽐내는 습관

22_ 성적이 상위권이라는 어리석은 자만심

23_ 외국어를 못한다는 열등감

24_ 키가 작아서 이성의 관심을 끌지 못한다는 열등감

25_ 재빠른 몸과 운동감각에 대한 자만심

나는 지금부터 내가 만나는 사람이 누가 될지는 모르지만 만나는 순서대로 ＿＿＿＿ 명에게 무조건 나는 그 쓰레기를 치워버렸다고 말할 것이며 나를 가장 잘 아는 세 사람, 즉 ＿＿＿＿＿＿, ＿＿＿＿＿＿, ＿＿＿＿＿ 에게도 나는 그 습관을 버렸다고 아주 단호하고 진지하게 말할 것이다.

나의 운동 포트폴리오

세상을 이끌어 가는 전문가, 지식인, 리더들은 머리가 좋고 생각이 훌륭해야 하지만 몸은 약해도 괜찮다고 생각하기 쉽습니다. 그러나 그건 잘못된 생각, 구시대의 유물입니다. 지금은 오히려 리더일수록, 비전과 목적의식을 가진 사람일수록, 탁월한 체력도 지니고 있어야 합니다. 일빙 *ill-being*을 참고 견디는 것이 아니라 토털 웰빙 *total well-being*을 추구하는 것이 새 시대를 맞이하는 리더의 모습입니다.

그러나 2004년 새해에 실시되었던 조사에 의하면 우리나라 20~30대 3명 중 2명은 규칙적인 운동을 전혀 하지 않는다고 합니다. 온갖 약물과 사회적 중압감에 파묻힌 채 컴퓨터 앞에서 손가락만 움직이며 ET처럼 변해 가는 젊은이들. 게다가 40대 남성 사망률 세계 1위라는 보도까지 겹치면서 "난 너무 허약해!" 라는 탄식소리가 여기저기서 들려오고 있습니다. 참으로 안타깝습니다. 아무리 바람직한 비전이 있다 해도, 이렇게 허약한 상태로는 모두가 물거품이 되고 맙니다. 이런 상태가 계속된다면 한국은 21세기 세계 중심 국가 대열에서 밀려날 수밖에 없습니다.

지금 우리에겐 토털 웰빙을 키워드로 하는 새로운 삶의 프로그램 파일이 필요합니다. 공부 잘하는 수재, 전문가, 고급인력이라고 해서 비실비실한 일빙 *ill-being*이어도 괜찮던 시대는 지나갔습니다. 컴퓨터 앞에서는 천재로 알려져 있고 세미나 실에서는 프레젠테이션 도사라는 평을 받으면서도 체육관이나 운동장에서도 역시 '짱'이라는 소리를 듣는 사람들이 세계적인 무대에 떠오르고 있습니다. 토털 웰빙이 시대의 주축을 이루는 흐름이 될 때, 이 땅의 젊은이들이 비로소 지구촌을 책임지는 핵심인물들로 성장할 수 있습니다.[36]

Self Talk 아름다우면서 동시에 격렬한 힘이 묻어나는 사람, 몸에 밴 스포츠맨십으로 타인과의 상호작용을 통해 자신의 행동을 온전하게 가다듬는 사람, 몸으로 정신을 일깨우며 정신의 근육을 키워서 그 어떤 난관에 봉착하더라도 능히 돌파해내는 21세기형 행동파 리더가 되기 위한 나의 운동 포트폴리오는 다음과 같다.

평일의 운동 포트폴리오

(1) _____

(2) _____

(3) _____

1_ 아침식사 전에 스트레칭 10분, 줄넘기 10분, 그리고 아령을 10분씩 매일 한다.

2_ 아침 식사 전에 1시간 동안 집 근처를 산책하며 그날 할 일을 생각해 본다.

3_ 하루에 팔굽혀펴기를 30개씩 한다.

4_ 엘리베이터나 에스컬레이터를 타지 않고 무조건 계단을 이용한다.

5_ 저녁 식사 후 헬스클럽에 가서 운동을 한다.

6_ 하루 다섯 번씩 짬을 내어 5분씩 복식호흡을 한다.

7_ 매일 농구공을 들고 나가서 300개의 점프 슛을 날린다.

8_ 한 번에 한 시간 이상 일주일에 네 번 수영을 한다.

9_ 한 번에 2킬로 이상 일주일에 세 번 달리기를 한다.

10_ 매일 검도도장에 나간다.

11_ 피곤할 때마다 스트레칭을 한다.

12_ 기상과 동시에 찬물을 한 컵 마신다.

13_ 점심시간에 30분 정도 탁구를 친다.

14_ 퇴근길에 골프 연습장에 들러 한 시간 동안 스윙연습을 한다.

15_ 요가 학원에 등록을 하고 일주일에 네 번 이상 나간다.

주말 및 공휴일의 운동 포트폴리오

(1) --

(2) --

(3) --

* 아래의 예를 참조해 보세요

1_ 아침에 일어나면 창문을 열고 스트레칭 10분, 줄넘기 10분, 그리고 아령을
   10분씩 매일 한다.

2_ 농구, 축구 등 운동 동아리에 나간다.

3_ 산악회에 가입하여 매주 산행에 나선다.

4_ 자전거를 타고 여러 곳을 두루 여행한다.

5_ 마라톤 대회 참가를 위해 주말마다 달리는 연습을 한다.

6_ 도장에 나가 단전호흡 또는 명상을 한다.

7_ 스쿼시 게임에 참가한다.

8_ 래프팅 동호회에 나간다.

9_ 행글라이딩을 즐긴다.

10_ 수상스키를 배운다.

11_ 승마를 배운다.

12_ 암벽타기 동아리에 나가 활동한다.

13_ 낚시를 하며 마음을 수련한다.

14_ 재즈 댄스로 몸매를 가꾼다.

15_ 워십 팀에 가입하여 몸으로 비전을 선포하는 수련을 한다.

나의 휴식코드

뛰어난 리더, 남들이 도저히 따라갈 수 없는 탁월한 업적을 보여 준 사람들에게는 특별한 휴식코드가 있습니다. 무작정 일을 물고 늘어지는 것이 아니라 완전한 몰입 상태로 들어가서 짧은 시간에 최대한의 능률을 올린 후 충분히 휴식을 취하는 것이 바로 이들의 일하는 스타일입니다. 그들은 일을 할 때 독특한 리듬 감각을 가지고 있습니다. 그래서 더 많이 놀고 더 많이 자고, 더 많이 즐기면서도 더 많이 이루어 내는 것입니다.

윈스턴 처칠은,

"2차대전이 벌어진 이후 나는 오히려 매일 낮잠을 자야 했다. 그것이 내가 영국수상으로서 전쟁을 승리로 이끌어 가야 할 책임을 완수할 수 있는 유일한 방법이었기 때문이다."

라고 말한 바 있습니다.

발명가 랜드*Edwin Land*는 어린 딸과 함께 놀아주기 위해서 산책을 하던 중 떠오른 아이디어로 결국엔 폴라로이드 카메라를 발명하였습니다. 차이코프스키*Tchaikovsky*는 매일 규칙적으로 산책을 하였고, 1929년에

노벨 문학상을 수상했던 토마스 만*Thomas Mann*이 썼던 대부분의 작품은 탁 트인 신선한 공기 속에서 산책을 할 때 떠오른 아이디어를 이용한 것입니다. 아인슈타인, 나폴레옹, 에디슨, 케네디, 그리고 레이건 모두가 동일한 휴식코드의 소유자들이었습니다.

생명보험 역사상 최고의 판매 실적을 올린 프랑크 베트거는 정밀하게 시간의 원가계산을 한 결과 다음과 같은 사실을 발견했습니다. 주말에는 일을 완전히 떠나서 여가생활에 전념하는 것이, 일주일 동안의 총수입 또는 시간당 평균수입을 최고로 올리는 방법이라는 것을 말입니다. 휴식은 결코 멈춤이 아닙니다. 그것은 더 멀리 뛰기 위한 움츠림입니다.[6]

엿새 동안 일하고 제 칠일에는 쉴지니…(출애굽기 34장 21절).

Self Talk 진정한 휴식은 치열한 노동이상으로 생산적인 것이다. 딱 필요한 때에 에너지를 회복하는 습관이야말로 탁월한 성과를 올리는 나만의 비법이다. 최고의 에너지 레벨을 유지하면서 노력의 성과를 극대화하기 위한 나의 휴식코드는 다음과 같다.

(1)

(2)

(3)

(4)

(5)

* 아래의 예를 참조해 보세요

1_ 90분 이상 일에 집중하였을 때는 반드시 20분 이상 휴식을 취한다.

2_ 복잡한 일로 머리가 어지러울 때는 낮은 등산로를 산책한다.

3_ 주말과 휴일에는 무조건 레포츠에 전념한다. 그렇게 하기 위해 평일에 남보다 3배로 일에 집중한다.

4_ 일에 진척이 없을 때는 포근한 이불 속에 들어가 잠을 청한다.

5_ 규칙적으로 잠을 자고, 잘 때는 안대를 한다.

6_ 나만의 공간을 확보하여 큰 소리로 노래를 부른다.

7_ 일이나 공부를 시작하기 전에 감동적인 그림을 하나씩 감상한다.

8_ 하루 세 번 다도를 수련하며 마음을 안정시킨다.

9_ 좋은 음악을 많이 듣는다.

10_ 일이 잘 풀리지 않을 때는 피아노를 치며 복음송을 부른다.

11_ 뭔가가 너무 안 풀리고 생각이 꽉 막혀 있을 때는 반신욕을 한다.

12_ 틈틈이 단전호흡으로 심신을 회복시킨다.

13_ 머리가 아플 때는 가벼운 애니메이션이나 만화를 읽는다.

14_ 2주일에 한 편 이상 영화나 연극을 감상한다.

15_ 집중이 안 될 때는 가볍게 몸을 움직여 긴장을 완화시킨다.

16_ 식사 후에는 5분 이상 반드시 걷는다.

17_ 하나님께 모든 것을 털어놓고 기도 드린다.

18_ 두 시간 이상 집중하고 나서는 반드시 휴식을 취한다.

19_ 한달에 한 번 이상 1박 2일의 기차여행을 한다.

20_ 여름휴가 때는 도보 국토순례를 한다.

나의 식사코드

바보 온달을 장군 온달로 만들기 위해, 평강공주가 한 일은 그의 식사코드를 바꾸는 일이었습니다. 그녀는 온달에게 장군들이 먹어야 할 음식을 먹이고, 장군들이 식사하는 방법으로 음식을 먹도록 했습니다. 그리고 결국 바보를 장군으로 탈바꿈시켰습니다. 수학자 피타고라스와 철학자 소크라테스, 그의 제자 플라톤 등은 채식을 하여 머리가 좋아진 것으로 알려져 있습니다.

레오나르도 다빈치는 '최후의 만찬'을 그리기 위해서 2년 9개월이라는 긴 세월 동안 상 위에 놓일 음식을 연구하는 것에만 집중했습니다. 그리고 메뉴가 확정되자 그의 작업은 일사천리로 진행되어 불과 3개월 만에 그림이 완성되었습니다. 그가 고심 끝에 선정한 '만찬'의 메뉴는 신선한 천연식품과 가볍게 조리한 채소, 곡식과 콩, 생수, 올리브기름, 방목한 동물 고기, 와인, 그리고 분위기를 살려주는 꽃 장식이었습니다.[37]

1차 세계대전 중에 덴마크는 적국의 육류수출 봉쇄조치로 부득이 채식

위주의 식사를 할 수밖에 없었습니다. 통밀, 밀기울, 빵, 보리죽, 감자, 야채, 낙농제품만을 주로 먹었는데, 오히려 국민들의 건강이 전쟁 전보다 증진되었고 사망률도 감소하는 가운데 전쟁이 끝났습니다. 그러나 종전과 더불어 국민들의 식습관이 전쟁 전으로 돌아가자 질병 발생률이 다시 높아지고 사망률도 예전 수준으로 급격히 올라가고 말았습니다.

오늘날 에스키모인들도 채소가 공급되었다는 한 가지 사실 때문에 수명이 20년가량이나 연장되었다고 합니다.[49]

음식이 장군 온달을 만들었고, 철학자 소크라테스를 만들었습니다. 음식은 사람을 변화시킵니다. 당신도 잘못된 식습관을 가지고 있다면 이제부터 과감히 버리고 좋은 식사습관을 가지도록 노력해야 합니다. 아래 셀프 토크에서 당신이 이제부터 지켜나갈 식사코드를 적어 보시기 바랍니다. 구체적인 음식이나 식단을 적기보다는 좀더 포괄적인 계획을 쓰길 바랍니다. '습관처럼 배어 있었던 잘못된 식습관을 어떻게 하면 바로잡을 수 있을까' 를 고민해 보고 거기에서 얻은 결론을 쓰면 좋습니다.

Self Talk   무엇을 먹는가에 따라 사람의 생각과 행동이 달라진다. 나는 사명과 비전을 이루기 위해 나만의 특별한 식사코드를 만들 것이다. 먹고 마시는 것에 관해 내가 지켜야 할 식사코드는 다음과 같다.

(1) _____

(2) _____

(3) _____

(4) _____

(5) _____

*아래의 예를 참조해 보세요

1_ 폭식을 하지 않는다.

2_ 세 끼를 규칙적으로 제시간에 먹는다.

3_ 배고프니까 아무거나 먹는다는 생각을 버린다.

4_ 먹기 싫더라도 필수적인 영양소를 반드시 먹도록 노력한다.

5_ 세 끼 식사의 간격을 되도록 길게 잡고 중간에 가벼운 간식을 즐김으로써 도
중에 기운이 떨어지지 않게 노력한다.

6_ 아침엔 서민, 점심엔 귀족, 저녁엔 빈민 스타일로 먹는다.

7_ 일주일에 하루는 자유의 날을 선정해서 뭐든 먹고 싶은 것을 먹는다.

8_ 감정적인 폭식에 빠지지 않도록 일년에 한 번씩 용서의식을 거행한다.

9_ 식사시간엔 잔잔한 음악을 들으며 음식을 즐기는 습관을 기른다.

10_ 식사 때는 가벼운 이야기만 하고 무언가를 골똘히 생각하지 않는다.

11_ 식사를 서두르지 않는다.

12_ 편식을 하지 않는다.

13_ 육류보다는 생선과 해초, 야채를 많이 섭취한다.

14_ 영양제나 보약에 의존하기보다 균형 잡힌 식단으로 체력을 유지한다.

15_ 먹고 싶은 것에 대해서는 적극적으로 의사표시를 한다.

16_ 식탁에 꽃병을 놓아둔다.

17_ 되도록 누군가와 함께 식사를 한다.

18_ 생수를 많이 마시되 식사시간 30분 전후로는 물을 마시지 않는다.

19_ 언제나 배의 80%만 채운다.

20_ 손이 많이 닿는 곳에 과일을 놓아둔다.

몸으로 선포하는 나의 비전

몸과 마음이 건강한 사람 치고 자세가 흐트러진 사람은 없다. 그만큼 바른 자세는 건강과 직결돼 있다. 그러나 현대인은 여러 가지 여건상 바른 자세를 유지하기 힘들다. 오랜 시간 앉아서 책만 들여다보는 입시생활에 찌들어서 꼿꼿했던 허리가 앞으로 기울고, 컴퓨터를 장시간 하면서 어깨가 굽는다. 바르지 못한 자세가 습관화되면 골격이 휘어지고 근육은 약해진다. 또 혈액순환이 원활하지 못하게 되고 신경이 둔해져 전반적인 체력과 면역력의 저하가 일어난다.

— 경향신문

몸에서 일어나는 연속적인 변화는 몸에 대한 우리의 생각에 반영되고, 우리가 사건을 이해하는 것에 반영됩니다. 동시에, 몸에서 일어난 그 모든 변화는 우리의 생각, 우리 마음속에 있는 '나는 이런 사람' 이라는 그림에 영향을 미칩니다. 마음속 그림에 있는 사물이나 그 사물의 모양, 색깔, 밝기, 크기, 선명도는 시시각각 변하지만 전체적인 구도에는 변함이 없는 것처럼 몸도 마음속 그림의 변화에 반응하며 일관된 패턴을 유지합니다.

토털 웰빙을 유지하고 있다는 것은 바람직한 비전, 공동선을 위해 헌신하고자 하는 결의를 몸으로 선포하는 것입니다. 몸을 대수롭지 않게 여기거나 휴식이나 섭생과는 무관한 척하는 사람은, 마음과 눈의 초점이 잘못된 목적과 뒤틀린 이기심에 모여져 있다는 사실을 공식적으로 발표하고 있는 것이나 다름없습니다. 레오나르도 다빈치의 자세는 자신의 비전을 써 붙인 현수막이었습니다. 천 원짜리 지폐에 그려진 퇴계의 자세는 그의 건강철학 그 자체입니다. 비전리더는 몸으로 비전을 선포합니다.[38]

Self Talk 나는 몸을 통해서 외부세계를 경험하고 알아간다. 나의 의식은 몸을 통해서 진정으로 확장될 수 있으며, 사고의 성숙이 비로소 가능해진다. 몸의 형태와 자세의 변화는 외부세계와의 관계뿐만 아니라 내부세계와의 관계까지도 변화시킨다. 나는 다음과 같이 몸으로 비전을 선포하며 살 것이다.

(1) _____

(2) _____

(3) _____

(4) _____

(5) _____

* 아래의 예를 참조해 보세요

1_ 등을 쭉 펴고 머리와 몸이 일직선을 이루게 하여 건전한 가치관을 표현한다.

2_ 성경말씀에 어긋난 행동을 할 때는 내장이 불편해지도록 의식을 조절한다.

3_ 하루 100회의 윗몸 일으키기를 하면서 100개국을 여행하고자 하는 목표를 새긴다.

4_ 하루 3km를 달리면서 3개의 외국어를 마스터한다는 결심을 다짐한다.

5_ 달성할 목표들에 대해 생각할 때는 온 몸이 상쾌해지고 느긋해지도록 훈련한다.

6_ 걸어갈 때는 정면을 응시하여 목표에 의한 자기통제를 의식화한다.

7_ 내가 잘못된 선택을 할 경우 몸이 "틀렸어"라는 신호를 보내도록 연습한다.

8_ 중요한 갈림길에서 근육과 피부가 예민한 반응이 일어나게 훈련하여 나아갈 방향을 신체가 일깨워 주게 할 것이다.

9_ 1년에 한번씩 해병대 지옥훈련 캠프에 참가해서 어떠한 어려움이 닥치더라도 반드시 꿈을 이루고 말겠다는 다짐을 확인한다.

10_ 거울을 보면서 나의 기도제목이 얼굴에 나타나도록 이미지를 조절하는 연습을 한다.

11_ 십자가 목걸이를 착용하여 '그의 나라' 에 대한 소망을 표현한다.

12_ 한달에 한 번 체력의 극한에 도전해서 자신감을 확인한다.

13_ 일주일에 한 번씩 등산을 하며 정상을 향한 의지를 불태운다.

14_ 일주일에 4회 이상 반신욕을 하며 정신적 쓰레기를 땀을 통해 내보낸다.

15_ 하루 50회의 심호흡을 하면서 50권의 책을 쓰겠다는 비전을 몸과 마음에 입력한다.

셀프리더를
넘어
슈퍼리더로…

Part Five

리더십은 권력을 휘두르는 것이 아니라
사람들에게 힘을 불어넣어 주는 것이다.

– 에키 브로딘

● 　　일본인들이 많이 기르는 관상어 중에 코이라는 놈이 있습니다. 이 물고기는 작은 어항에 넣어 두면 5~8센티미터 밖에 자라지 않습니다. 그러나 아주 커다란 수족관이나 연못에 넣어 두면 15~20센티미터까지 자랄 수 있습니다. 아예 큰 강에 놓아주면 90~120센티미터까지 자랍니다.

코이는 자기가 숨쉬고 활동하는 세계의 크기에 따라 조무래기가 될 수도 있고 대어가 될 수도 있습니다. 사람도 코이처럼 그 활동무대의 크기, 즉 자신이 속해 있는 정신세계의 크기에 따라 커다란 성취를 이룰 수도 있고 자기 앞가림도 못하는 존재가 될 수도 있습니다.[39]

5부를 더 재미있고 의미 있게 활용하는 방법

지금 당신은 비전여행에 필요한, 당신 내부에서 이끌어 내야 하는 에너지들은 거의 다 꺼내온 상태입니다. 이제는 세상과의 상호작용을 통해 더 많은 에너지를 일으켜야 할 때입니다. 당신이 더 많은 에너지를 보충하고 더 박진감 넘치는 여행을 하기 위해서는 더 넓은 세계로 눈을 돌려야 합니다.

여행이 계속될수록 당신은 세상의 영향을 받으며 동시에 세상에 영향을 주게 될 것입니다. 성공적으로 여행을 마치기 위해서는 세상이 당신에게 주는 영향을 긍정적으로 전환시켜서 받아들여야 하고, 이와 동시에 당신이 꿈꾸는 세상이 되도록 당신의 에너지를 사용해 세상을 변화시켜야 합니다. 자신을 변화시켜 세상을 변하게 하는 힘, 즉 리더십을 길러야 합니다.

리더십은 출세해서 우두머리 노릇하는 사람들에게만 필요한 무기가 아닙니다. 미래에 어떤 사람이 되어서, 어떤 일을 하고 싶다는 마음이 있는 사람, 스스로의 힘으로 자신을 목표지점까지 이끌어 가고자 하는 사람이라면 반드시 수련하고 실천해야 하는 삶의 슬기입니다.

이번 장에서 다루게 될 토크파워 연금술, 슈퍼 리더십 등은 세상이 당신에게 보내오는 신호를 옳게 해석하는 법과 당신이 세상을 향해 보내야 할 바람직한 신호들을 점검하는 과정입니다. 이 과정을 통해서 당신의 비전여행이 더 넓은 세계로 연장되고 당신의 존재가 더 큰 물의 코이처럼 되기를 바랍니다.

세상과 나와의 쌍방향 무선통신

"……남편은 그녀의 갈비뼈를 네 개나 부러뜨렸고, 그녀의 왼손을 벌겋게 타는 버너에 지졌으며 두 번이나 때려서 기절시켰다. 그녀는 최근 3년 동안에 수술을 밥 먹듯이 해야 했다. 그런데도 언제나, 그녀는 거짓말까지 하며 남편을 옹호했고, 몸이 나으면 다시 남편이 있는 집으로 돌아가곤 했다…"

이 이야기는 매우 극단적인 것이긴 하지만, 사태가 이 지경이 된 데는 부인의 책임을 무시할 수 없습니다. 그렇게 지독한 일을 당하고도 언제나 남편을 옹호하고 계속 함께 지냄으로써 남편의 버릇을 고치는 데 실패했기 때문입니다. 용서하는 것과 방치하는 것은 다릅니다. 진정한 용서를 받고 용서를 베풀었다면 같은 잘못이 반복되지 않습니다. 그녀는 남편에게 "난, 괜찮아"라고 가르친 것입니다.

세상이 우리를 무시하고 냉대하고 천덕꾸러기 취급을 한다면 그건 우리가 세상을 향해서 '나는 그렇게 취급해도 돼'라는 무언의 신호를 보냈기 때문입니다. 반대로 세상이 당신을 존중해 주고 신임하고 의지한다면 그건 당신이 세상을 향해 그런 신호를 보내고, 세상이 그 신호에 응답하지 않았을 때에는 적절한 조치를 취했기 때문입니다. 당신은 세상을 향해 어떤 신호를 어떻게 보내고 있습니까?[40]

Self Talk　　나는 세상의 영향을 받고 있으며 동시에 세상에 영향을 주고 있다. 세상이 나에게 주는 영향을 긍정적인 것으로 변화시키기 위해, 나는 세상과 주고받는 신호를 과감히 바꾸어야 한다. 내가 세상을 향해서 "나는 이런 사람이다, 그러니 이렇게 다루어 달라"고 잘못 보낸 신호들은 다음과 같다.

(1) _____

(2) _____

(3) _____

(4) _____

(5) _____

* 아래의 예를 참조해 보세요

1_ 지나치게 내성적이고 말을 안 한다. → 나에게는 되도록 말을 걸지 마라.

2_ 나만 알고 남에 대한 배려를 하지 않는다. → 너도 나를 배려할 필요가 없다.

3_ 돈이나 시간을 너무 함부로 쓴다. → 나와는 돈 거래를 하지 마라.

4_ 잘난 체한다. → 나를 너희들 그룹에 끼워주지 마라.

5_ 참을성이 없다. → 내게 말을 할 때는 신경을 건드리지 않도록 조심해라.

6_ 허풍만 떨고 실속이 없다. → 내 말은 믿을 게 없다.

7_ 누군가가 나를 나쁘거나 무능한 사람으로 지목하더라도 아무 말도 못한다.
　　→ 나는 이용하기 좋은 사람이다.

8_ 우유부단하며 남에게 책임을 전가하려 한다. → 책임이 따르는 권위 있는 자리는 나에게 어울리지 않는다.

9_ 문제를 해결하기보다 변명하려 애쓴다. → 내게 해결책을 기대하지 마라.

10_ 타인에겐 엄하면서 자신의 과오는 인정하지 않는다. → 나는 함께 일하기에 피곤한 사람이다.

11_ 게으르다. → 되도록 나에겐 아무 일도 맡기지 마라.

12_ 약속을 지키지 않는다. → 나하고는 아무 약속도 하지 마라.

13_ 안전하고 확실한 것만 좋아한다. → 나에게 고생스러운 일을 가지고 와서 협조해 달라는 말은 꺼내지도 마라.

14_ 무르다. → 나는 함부로 취급받아도 화내지 않는다.

15_ 줏대가 없다. → 아무거나 시키는 대로 따라할 테니 말만 해라.

리더십의 출발선, 자신감

　자신감이 없으면 리더가 될 수 없습니다. 자신감은 자신의 능력에 대한 믿음이 아닙니다. 그것은 자기와의 약속입니다. '내가 원하는 것에 솔직하겠다는 약속, 그리고 그 소원을 이루기 위해 필요한 일을 하겠다는 약속, 그리고 그 일을 결국엔 해낼 것이라는 나 자신과의 약속' 이 바로 진정한 자신감의 원천입니다.

　그러나 진실하지 못한 사람은 진정한 자신감을 가질 수 없습니다. 또한, 무엇이 무엇보다 더 중요하다는 흔들리지 않는 생각의 체계, 즉 가치관이 없는 사람도 진정한 자신감을 가질 수 없습니다. 진실하지 못하면 누군가가 뒷덜미를 잡아당기는 느낌을 가지게 됩니다. 가치에 대한 확신이 없으면 머뭇거리고 갈팡질팡하는 모습이 됩니다.

　"난 그냥 이대로 살 거야. 비전이니 리더십이니 뜬구름 잡는 소리로 날 귀찮게 하지마. 난 리더도 아니고 성공도 원하지 않아"라고 말하는 사람들은 자신감이 없기 때문에 그렇게 말하는 것입니다. 자신감은 리더십의 출발점입니다. 진정한 자신감이 없으면 성공적인 셀프리더가 될 수 없습니다. 결코 꿈을 현실로 만들 수 없습니다. 실패가 클수록 성공도 커집니다. 도전하지 않으면 자신감은 생기지 않습니다.

　가치 있는 목표를 정했다면 일단 행동해야 합니다. 수영에 자신이 없으면 물 속에 뛰어들고, 영어에 자신이 없으면 외국인과 식사약속을 하고, 말하기에 자신이 없으면 토론장에서 손을 들어 발언을 신청해야 합니다. 예정된 실패를 견뎌내야 합니다.
　다음엔 다 잘할 수 있다고, 안심하라고, 자신에게 말하면 자신감이 생길 것입니다. 세 번만 시도해보면 어느덧 자신을 성공적으로 리드하고 있는 모습을 발견하게 됩니다.[41]

Self Talk　모든 두려움은 무지에서 생긴다. 모르면 겁이 나고 덤벼볼 엄두가 나지 않기 때문에 계속 그 상태에서 벗어날 수가 없게 된다. 즉 무지와 두려움은 서로를 상승시킨다. 그러나 실패를 각오하고 도전해 보면 자신도 모르는 사이에 자신감이 생기게 마련이다.
되든 안 되든 일단 열심히 하겠다는 마음가짐, 실패하더라도 좌절하지 않고 끝까지 해내겠다는 결의, 그게 바로 자신감이다. 나는 진정한 자신감을 기르기 위해 다음과 같은 일을 하겠다.

(1) _____

(2) _____

(3) _____

1_ 나는 수영에 자신이 없으면 물 속에 뛰어들고, 영어에 자신이 없으면 외국인과 식사약속을 하고, 연설에 자신이 없으면 손을 들어 발언권을 신청하겠다.

2_ 나는 처음 배우는 노래일수록 더 큰 소리로 불러보고 처음 먹어보는 음식일수록 입을 더 크게 벌려서 한 입 가득 넣고 처음 만나는 사람일수록 더 많은 말을 걸 것이다.

3_ 나는 아무리 처음 해 보는 일이라도 그 일의 본질과 맥락, 그리고 요구되는 최종결과가 무엇인지에 집중함으로써 불필요한 걱정이 끼어들 틈을 주지 않을 것이다.

4_ 진실하지 못하면 누군가가 뒷덜미를 잡아당기는 듯한 기분이 든다. 그래서 자신감을 가질 수 없다. 나는 자신 있는 사람이 되기 위해 먼저 진실한 사람이 되겠다.

5_ 명료한 가치관이 없으면 자신감을 가질 수 없다. 가치관이 확고하지 않으면 망설이고 갈팡질팡하는 모습이 된다. 나는 자신감을 지니기 위해 '정직-해냄-나눔-희락' 이라는 나의 가치관을 가슴 깊이 새길 것이다.

6_ 뭔가가 잘 풀리면 기가 살고 안 되면 꼬리를 감추는 것은 자신감이 아니다. 자신감은 능력에 대한 믿음이 아니다. 자기와의 약속이다. 나는 "다음엔 더 잘할 수 있어. 안심해. 안 되면 딱 세 번만 더 해 보자"라는 말을 항상 간직한다.

7_ 남들이 비웃으면 속으로 눈물을 삼키면서 결국엔 끝내고 마는 근성이 곧 나의 자신감의 원천이다.

8_ 자신감이 생기지 않을 때는 내가 그 일을 성공할 수밖에 없는 이유 20가지를 종이에 적어 본다.

9_ 자신감이 생기지 않을 때는 아무도 없는 곳을 찾아가서 큰 소리로 나 자신에게 5분 스피치를 한다.

10_ 자신감이 생기지 않을 때는 두려움의 뿌리를 끝까지 캐낸다.

입을 열어야 길이 보인다

어떤 청년이 옛 스승에게 경제적인 어려움과 마음의 답답함을 호소하고, 다른 직장을 구할 수 있도록 도와 달라는 편지 한 통을 썼습니다. 그러나 청년은 편지를 써 놓고도 한참 동안 그 편지를 보내야 할지 망설였고, 또 겨우 용기를 내어 편지를 보내 놓고도 스승에게 일자리나 구걸하는 자신의 처지가 너무나 창피스럽고 한심해 자살까지 생각했습니다.

그러나 옛 스승의 답장은 그의 운명을 바꿔 놓았습니다. 스승이 청년을 위해 교사자리를 마련해 주었던 것입니다. 청년은 교사가 된 후에 서서히 내면에 잠재되어 있던 문학적 재능을 발휘하기 시작했고, 1895년에 이르러 《타임머신 The Time machine》이라는 작품을 내 놓았습니다. 그 청년은 바로 영국의 저명한 문필가 웰즈 Herbert George Wells입니다. 그가 스승에게 도와 달라는 말을 하기가 부끄럽고 자존심 상해 끝내 편지로나마 입을 열지 않았다면, 《타임머신》도 '문필가 웰즈'도 탄생하지 못했을 것입니다.

두드리지 않는데 저절로 열리는 문은 없습니다. 아무 말도 하지 않고 가

만히 있는데 찾아와서 이렇게 해 줄까, 저렇게 해 줄까 물어보는 사람은 없습니다. 옛말에도 '구슬이 서 말이라도 꿰어야 보배' 라고 하였습니다. 주위에 아무리 좋은 인맥이 있다 해도 비전과 소망을 명료하게 말할 수 있는 적극적인 자세가 없으면 그 꿈을 현실로 만들 수 없습니다. 어떠한 대가를 지불하고라도 반드시 성취해야 할 비전이 있는 사람이라면 적극적으로 입을 열어 원하는 것을 말해야 합니다. 입을 열어야 성공이 보입니다.[42]

Self Talk　　내가 나의 꿈을 이루기 위해서 반드시 말을 했어야 하는데, 또한 찾아가서 말만 하면 원하는 것을 얻을 수 있는데, 쑥스럽고 거절당할까봐 겁이 나서 아직 망설이고 있는 세 가지 말과 상대방의 이름은 다음과 같다.

(1) 상대방의 이름 ＿＿＿＿＿＿＿＿＿＿＿

　　내용 ＿＿＿＿＿＿＿＿＿＿＿＿＿＿＿＿＿＿＿＿＿＿＿＿＿

(2) 상대방의 이름 ＿＿＿＿＿＿＿＿＿＿＿

　　내용 ＿＿＿＿＿＿＿＿＿＿＿＿＿＿＿＿＿＿＿＿＿＿＿＿＿

(2) 상대방의 이름 ＿＿＿＿＿＿＿＿＿＿＿

　　내용 ＿＿＿＿＿＿＿＿＿＿＿＿＿＿＿＿＿＿＿＿＿＿＿＿＿

*아래의 예를 참조해 보세요

1_ 가족 : 3년 동안 외국에 나가서 공부할 수 있도록 도와 달라고 하는 일

2_ 이성 친구 : 좋아한다고 마음을 고백하는 일

3_ 중국에 있는 선배 : 중국 여행을 떠나는데 선배 집에 머물고 싶다고 말하는 일

4_ 친구 : 힘든 일이 생겼는데 기대고 싶다고 말하는 일

5_ 담임선생님 : 부족한 과목 성적을 올리고 싶은데, 도와 달라고 말하는 일

6_ 존경하는 유명한 인물 : 중요한 일을 의논할 수 있는 멘토가 되어 달라고 요청하는 일

7_ 직장 상사 : 나의 능력을 좀더 발휘할 수 있는 부서로 옮겨 달라고 말하는 일

8_ 지도교수 : 취업을 할 수 있도록 추천서를 받는 일

9_ 동아리 선배 : 나를 다음 회장으로 추천해 달라고 부탁하는 일

10_ 친척 어른 : 나의 꿈을 이루는 것을 후원해 달라고 말하는 일

열린 귀 VS 큰 목소리

남의 말을 잘 들어 주는 것은 그 어떤 보석보다도 빛나는 선물입니다. 값진 선물이지만 돈도 들지 않습니다. 뿐만 아니라 실천하기도 너무 쉽습니다. 상대방의 말이 끝나고 이제 당신이 말할 차례라고 생각될 때 숨만 한 번 가다듬으면 되기 때문입니다. 당신이 숨 한 번 쉬는 동안에 당신에겐 참을성이 길러지고 상대방의 가슴엔 당신을 향한 감사의 마음이 생깁니다. 사람이 듣기에 사용하는 시간은 쓰기의 5배, 읽기의 3배, 그리고 말하기의 2배에 해당한다고 합니다. 그래서 듣기가 중요한 것입니다. 그럼에도 불구하고 듣기에 탁월한 능력을 보여 주는 사람은 많지 않습니다. 듣기능력이 떨어지는 사람치고 진정한 토크파워를 보여 주는 사람은 찾아보기가 어려운 데도 말입니다.

당신의 대화습관을 되돌아보시기 바랍니다. 당신은 오로지 말할 기회만 노리는 스타일입니까? 아니면 남의 말을 경청하는 스타일입니까? 다음 테스트를 해 보면서 자신의 스타일을 찾아보길 바랍니다. 각 항목마다 자신에게 어울리는 답에 표시하십시오.

	아니다 (0)	모르겠다 (5)	그렇다 (10)
1. 나는 대화가 끊어지고 침묵이 흐르면 너무 답답해서 견디지를 못한다.	☐	☐	☐
2. 나는 말의 뜻을 알아차리는 속도가 형광등처럼 느린 사람과는 대화하기가 싫다.	☐	☐	☐
3. 나는 머리의 반은 듣는 데 쓰고 나머지 반은 내가 할 말을 준비하는 데 쓴다.	☐	☐	☐
4. 나는 내 견해를 밝힐 수 있는 기회가 오기를 안절부절하며 기다린다.	☐	☐	☐
5. 나에겐 남의 말을 도중에 끊거나 그의 말끝을 대신 마무리해 주는 습관이 있다.	☐	☐	☐
6. 나는 상대방에 대해 "음, 그래" "알았다"라고 해서 상대방이 말을 빨리 마치게 하고 내 말을 시작하는 습관이 있다.	☐	☐	☐
7. 나는 상대방의 말을 끝까지 들어 보지 않고, 미리 그 잘못된 점을 꼬집거나 비평한다.	☐	☐	☐
8. 나는 가끔 나와 대화하는 사람이 싫증나고 짜증스럽다.	☐	☐	☐
9. 나는 대화 도중 상대방이 답변을 생각하느라 1분 정도 뜸을 들이면 그 시간이 한 10분쯤 된 것 같은 느낌이 든다.	☐	☐	☐
10. 나는 상대방이 말을 시작하기 전에 호흡을 가다듬을 때 흐르는 정적이 너무 싫다.	☐	☐	☐

당신의 점수가 30점 이하라면 당신은 아주 침착하게 남의 말을 듣는 스타일입니다. 30점에서 60점 사이의 점수를 얻은 사람이라면, 평소 대화할 때 남들에게 편협한 사람으로 비쳤을 가능성이 있습니다. 60점에서 90점 사이의 점수를 얻은 사람이라면, 종종 사람들이 당신과 이야기하는 것을 꺼리고 있다는 느낌을 받았을 것입니다. 당신의 점수가 90점을 넘는다면 당신은 대화 중에 소외감을 느꼈을지도 모르겠군요.[43]

만약, 당신에게 남의 말을 경청하지 않는 습관이 있다면, 다음 장 '토크 파워 연금술'에서 주제에 대한 문장을 작성할 때 경청하는 태도를 강화시키기 위한 방법을 함께 적기 바랍니다.

나의 토크파워 연금술

　현재 미국 국무장관 콜린 파월이 1968년, 소령의 신분으로 베트남 전에 참
가해 일개 대대를 이끌고 있을 때였습니다. 어느 날 그는 군사령관 앞에서 전
투현황을 설명할 기회를 가지게 되었습니다. 일개 소령이 군사령관 앞에서 프
레젠테이션을 한다는 것은 영광스러운 일이기도 하지만, 동시에 참으로 긴장
되는 일이 아닐 수 없습니다. 그래서 그는 그 자리를 위해 철저한 준비와 연
습을 했습니다.

　그는 차트 위에 전투상황을 표시하는 지도와 베트콩의 포진상황, 아군의
전력과 인원배치, 그리고 후방 보급부대와의 연락 방법 등을 모두 상세하게,
그러나 요점 중심으로 적어 놓았습니다. 단, 무기의 종류와 인원수는 철저히
암기했습니다. 그리고 군사령관과 사단장 앞에서 마치 교사가 학생들을 가르
칠 때처럼 평온한 자세로 설명을 시작했습니다. 그는 차트도 보지 않고 상세
하게 설명했을 뿐만 아니라, 질문에 대해서도 노트를 보지 않고 거침없이 대
답했습니다.

　프레젠테이션이 끝나고 군사령관은 사단장에게 "파월 소령은 어떤 사람인

가?"라고 물었습니다. 도대체 어떤 사람이기에 그토록 자신 있게 그리고 막힘없이 프레젠테이션을 할 수 있을까 궁금했던 것입니다. 군사령관의 물음에 사단장은 파월의 사람됨과 배경을 상세히 들려 주었습니다. 그 일을 계기로 파월은 승승장구, 합참의장을 거쳐 국무장관에까지 오르게 되었습니다. 그가 많은 사람들 앞에서 막힘없는 프레젠테이션을 할 수 있게 된 것은 청년시절 주임학교 교사로 오래 봉사했기 때문입니다.[44]

정보화가 진전될수록 정보를 요약하고 맥을 짚어서 전파하는 능력, 즉 프레젠테이션 능력의 중요성은 더욱 강조될 수밖에 없습니다. 유창하고 설득력 있는 프레젠테이션 또는 파워 넘치는 말로, 사람들을 설득하여 그들을 당신이 원하는 하나의 방향으로 이끌어 가기 위해서는 체계적인 토크파워 훈련을 해야 합니다. 금을 자유자재로 만드는 연금술사처럼, 당신의 토크파워 즉, 체계적인 말하기 능력을 자유롭게 펼쳐 보십시오.

Self Talk 나는 그동안 가만히 있으면 2등은 할 수 있다고 믿어 왔다. 틀린 답을 말하는 것보다 아무 말도 하지 않는 것이 더 낫다는 생각을 했다. 그러나 그건 잘못된 생각이었다. 이제는 정답을 말한 사람은 1등, 틀린 답을 말한 사람은 2등, 아무 말도 하지 않은 사람은 3등이 되는 시대가 왔다. 그리고 한 번 정답을 말한 사람보다, 비록 틀리긴 했지만 더 좋은 답을 내놓기 위해 여러 번 시도하는 사람이 점점 더 높은 평가를 받게 됐다. 비전의 성취여부는 얼마나 기술적으로 자신 있게 자신의 생각과 느낌을 표현하느냐에 달려 있다. 그럼에도 나는 지금껏 말을 잘하기 위한 체계적인 훈련을 쌓지 않았다. 이제부터 나는 다음과 같이 토크파워를 강화하기 위해 훈련을 할 것이다.(만약

앞 장에서 듣는 태도에 대한 점수가 낮게 나왔다면, 경청하는 태도를 강화시키기 위한 방법도 함께 적어 보시기 바랍니다.)

(1) _____

(2) _____

(3) _____

(4) _____

(5) _____

(6) _____

(7) _____

(8) _____

(9) _____

(10) _____

*아래의 예를 참조해 보세요

1_ 마인드맵으로 발표할 내용을 정리한다.

2_ 내용과 그림을 연관시켜서 발표할 내용을 외우도록 한다.

3_ 핵심 단어끼리의 연관성을 찾아 내용을 정리한다.

4_ 발상의 전환을 연습한다.

5_ 메시지를 이야기에 실어서 전달하는 연습을 한다.

6_ 프레젠테이션이 진행되는 현장에 있는 물건과 상황을 활용하는 기술을 익힌다.

7_ 로버트 캐네디처럼 나름대로 독특한 바디랭귀지를 개발한다.

8_ 토론을 준비할 때는 최소한 3번은 리허설을 한다.

9_ 사람들과 대화할 기회를 많이 갖는다.

10_ 다른 사람이 발표할 때 본받을 점은 기록해 놓는다.

11_ 하루에 한 개 이상의 신문사설을 읽으며 가장 멋진 표현을 한 개씩 고른다.

12_ 광고에서 시대감각을 읽는 연습을 한다. 각종 매체에서 본 광고 중 가장 인상적인 표현들을 노트에 적어둔다.

13_ 매주 한 번 이상 TV 강의를 시청하며 강사들의 장단점을 비교한다.

14_ 미국 26대 시어도어 루스벨트 대통령처럼 어떠한 프레젠테이션을 하게 되더라도 반드시 후회버전을 작성한다.

15_ 하루에 한 번씩 국어사전을 펴서 두 개 이상의 모르는 단어를 찾아본다.

16_ 링컨처럼 책이나 신문을 큰 소리로 읽는 습관을 기른다.

17_ 유태인처럼 기회가 주어지면 언제나 질문을 하거나 발표자로 나선다.

18_ 스티븐 코비처럼 남을 가르쳐 보는 기회를 잡기 위해 노력한다.

19_ 목소리에 감정을 싣는 기술을 익힌다.

20_ 프레젠테이션에 관한 책을 10권 이상 읽어 본다.

나는 나의 셀프리더

우리는 날마다 누군가를 리드하며 살아갑니다. 동시에 누군가의 리드를 받으며 살아가고 있기도 합니다. 아무도 리드하지 못한다면 이미 죽은 거나 마찬가지입니다. 우리가 리드해야 할 가장 가깝고도 중요한 존재는 바로 우리 자신입니다. 자신을 리드하는 자가 남을 리드할 수 있고 세상을 이끌어 나갈 수 있습니다. 우리는 리드합니다. 고로 존재합니다.

'자신의 변화'가 세상을 변화시키는 힘의 원동력입니다. 세상과 영향을 주고받으면서 '자신'을 바로 세우는 힘, 나와 세상을 옳게 이끌어 가는 지혜가 없다면 비전은 성취될 수 없습니다. 세상과 함께 호흡하면서, 세상이 주는 메시지를 옳게 해석하고, 스스로의 생각과 믿음체계와 행동을 변화시켜서, 자신의 목적을 달성해 가는 역량을 우리는 셀프 리더십이라고 부릅니다. 거기서 더 나아가 나의 변화를 세상의 변화로 확장시키는 힘을 슈퍼 리더십이라고 부릅니다.

자신의 변화된 행동으로 인해 세상이 변하는 경우도 많습니다. 그러나 아무리 스스로의 행동을 변화시켜 세상에 영향을 주어도 세상이 끄떡도 하지 않을 때에는 세상 속에서 자신에게 유리하고 긍정적인 기회를 찾고자 노력하는 것 또한 셀프 리더십입니다.[45]

Self Talk 비전은 영혼의 산소이다. 비전은 어둠을 밝히는 빛이다. 비전은 운명을 바꾸어 놓는다. 세상은 비전을 지닌 자의 것이다. 바람직한 비전은 반드시 현실이 된다. 그러나 이것은 비전을 바라보는 자가 탁월한 리더십을 발휘할 때만 그러하다. 눈을 크게 떠서 올바른 방향을 보면서 자신을 다스리고 자신의 힘으로 목표 지점까지 다다르는 사람이 성공적인 셀프리더이다. 나의 비전을 삶에서 성취하기 위해, 성공적인 셀프리더가 되기 위한 방법은 다음과 같다.

(1) ....

(2) ....

(3) ....

(4) ....

(5) ....

* 아래의 예를 참조해 보세요

1_ 아침에 일어나면 사명선언문을 큰 소리로 세 번 읽는다.

2_ 오늘로부터 100일 이내에 100페이지짜리 미래 자서전을 완성한다. 미래 자서전은 1인칭 소설형태로 하되 연대기적인 서술이 아니라 내 삶에서 일어날 서너 가지 사건들을 중심으로 전개하고 반드시 책으로 만들어 100명 이상의 사람들에게 나누어 준다.

3_ 나는 문제가 발생하면 우왕좌왕 하는 경우가 많다. 내 주위에는 역사와 철학 공부를 많이 하신 친척이 계시는데 나는 그분을 멘토로 하여 어떻게 하면 문제의 본질을 파악하고 차분하게 해결할 수 있는지 의논할 것이다.

4_ 그날의 할 일을 목록으로 만들어 작은 메모지에 적고(do-list) 이를 주머니에 넣고 다니면서 식사 때마다 들여다 보며 이미 완료된 항목들을 지워나가는 습관을 기른다.

5_ 눈에 잘 띄는 곳에 중요한 과제를 암시하는 그림들을 붙여 놓고 눈길이 그림에 닿을 때마다 그림들이 나를 향해 "바로 지금이야, 시작해! 액션! 큐, 큐, 큐!"를 외치게 한다.

6_ 살다 보면 환경의 변화 때문에, 혹은 나 자신의 실수 때문에 위기에 빠질 때가 있다. 위기가 닥쳐오면 나는 먼저 위기의 원인을 20가지 이상 적어 놓고 가장 중요성이 낮은 것부터 하나씩 지우고 마지막에 남은 3개의 원인에 집중한다.

7_ 아무리 어려운 위기에 빠져도 중요한 것은 위기를 기회로 활용하고자 하는 의지다. 나는 위기가 닥쳐오면 레이건이나 포드처럼 위기 그 자체를 기회로 활용하는 아이디어를 찾는 데 집중한다.

8_ 비전을 성취하자면 하기 싫고 귀찮아도 반드시 해야 하는 일도 있게 마련이다. 나에게는 그런 일을 오히려 즐길 거리로 삼는 습관이 있다. 내가 하는 모든 일에서 즐거움을 찾기 위해 그 일이 내 몸에 주는 즐거움, 기분에 주는 즐거움, 비전을 이루는 데 도움을 주는 측면으로 나누어서 생각한다.

9_ 어떤 과제에 대해 처음 목표로 했던 양을 다 채우거나 만족스러운 수준에 도달하면 스스로 나를 위한 선물을 주거나 친구들을 초대하여 조촐한 파티를 연다.

10_ 언제 어디서 무엇을 하든지 나의 모든 신경은 목표에 맞춰져 있다. 먹을 때나 어딘가를 갈 때, 누군가를 만날 때, 그리고 모든 선택의 순간에 "어떤 것이 목표에 유리한가?"라고 스스로 묻고 스스로 대답할 것이다.

11_ 내가 쓴 사명문을 하루에 적어도 5번씩 큰소리로 읽는 습관을 들인다. 그리고 되도록 많은 사람들에게 내 사명문을 알려서 나의 사명을 정확하게 표현한다.

12_ 나는 잠을 자기 전 5분 정도의 시간을 비워 놓겠다. 그리고 그 시간 동안에 내가 꿈을 이루었을 때를 3가지 상황으로 나누어 상상해 보겠다. 그리고 1분 정도 그 꿈을 이루기 위해서 내일 해야 하는 일을 정하고 자도록 하겠다.

리더에게 힘을 주는 리더

　'리더'라는 말을 들으면 백색 준마에 높이 올라앉아서 산천이 쩡쩡 울리도록 "나를 따르라"고 외치는 사람이 연상됩니다. 리더라고 하면 연개소문, 나폴레옹, 이순신, 처칠, 그리고 왕건 같은 영웅들의 모습이 머릿속을 스쳐갑니다. 그들의 공통점은 출중한 능력과 권위와 강력한 카리스마를 갖추었다는 점입니다. 확실히 지난 세기까지는 이것이 리더의 전형적인 모습이었습니다. 이렇게 전통적인 리더들은 자기 분야에서의 탁월함, 권위와 카리스마로 사람들에게 영향력을 행사함으로써 모두 두드러진 업적을 남겼습니다.

　그러나 21세기의 리더 모습은 달라지고 있습니다. 고도로 정보화된 조직사회에서는 강력한 카리스마를 가진 리더보다, 자신의 업적 쌓기에 연연하는 리더보다 다른 사람과 협력해서 공동의 업적을 이루어 내는 부드러운 리더를 원하고 있습니다. 진정한 21세기형 리더는 다른 사람들의 숨겨진 능력까지도 이끌어 낼 수 있어야 합니다. 자신이 영웅이 되기보다, 영웅을 만들어 낼 줄 알아야 합니다.[46]

Self Talk 　지금 여기에 있는 자신을 그날의 목표지점까지 성공적으로 이끌어 가는 사람을 셀프리더라고 부른다. 그리고 셀프리더에서 한 걸음 더 나아가 같은 비전을 가지고 있는 다른 사람들을 이끌어 주는 사람을 슈퍼리더라고 한다. 나는 카리스마 넘치는 리더보다 부드러운 리더가 되기 위해 다음과 같은 것을 실천하려고 한다.

(1) _____

(2) _____

(3) _____

(4) _____

(5) _____

* 아래의 예를 참조해 보세요

1_ 리더십 전문 교육 프로그램에 참가하거나 경영대학원에 들어가서 조직행동과 그룹 다이내믹스, 팀워크 등에 대한 체계적인 지식을 쌓는다.

2_ 하루에 세 명의 친구들에게 전화를 걸어 그들의 이야기를 듣고 그들의 주변 사람이 되기 위해 노력함으로서 결국 여러 사람의 중심에 설 수 있도록 노력한다.

3_ 나는 우리 반 축구부 주장으로서 우승기를 받을 때 내가 대표로 단상에 올라가게 되어 있었지만 팀원들을 모두 단상으로 올라오게 해서 기쁨을 함께 나눈 적이 있다. 그때의 뿌듯한 기분을 기억하면서 앞으로도 나보다는 팀의 성공과 보람에 더 역점을 둘 것이다.

4_ 중학교 1학년 때 담임선생님은 돌보고 섬기는 것이 무엇인지 몸소 행동으로 보여주셨다. 나는 그분을 보고 교사가 되겠다고 결심했고 가르치고 지적하는 교사가 아니라 아이들을 섬기며 함께 기뻐하는 모델이 될 것이라고 다짐했다.

5_ 공부하라는 잔소리를 하지 않고 언제나 우리 옆에서 책을 읽으시는 아버지를 보고 나 역시 사람들에게 말로 강요하기보다 행동으로 모범을 보이려고 노력하기로 다짐했다.

6_ 내 친구는 드라마에 미쳐서 TV 드라마나 비디오를 볼 때면 엄청나게 몰입한다. 그는 드라마 프로듀서가 되겠다고 말한다. 나는 그를 부를 때 '상철' 이라는 이름 대신 '감독님' 이라고 부르기로 했다.

7_ 우리 팀원 중 한 명이 개인적인 사정이 있어서 자기가 맡은 일에 집중하지 못하고 있다. 나는 드러나지 않게 그 친구의 몫까지 해냄으로써 그 친구가 더욱 분발하도록 도울 작정이다.

8_ 나는 빠르게 문제를 해결할 수 있는 방법을 안다 해도 다른 사람들의 기분을 배려하여 미리 말하지 않고 다른 사람의 의견을 끝까지 들어보고 토론하는 스타일로 문제를 해결할 것이다.

9_ 그는 달리기를 좋아하고 재능이 있는데 기록이 단축되지 않는다며 달리기를 그만두려 하고 있다. 나는 그에게 "할 수 있다" 는 믿음을 심어주기 위해 조금 더디게 가는 스톱워치를 선물할 작정이다.

10_ 나는 대열의 뒤쪽에서 따라가다가 힘겨워 어쩔 줄 모르는 동료가 있으면 슬쩍 다가가 자연스럽게 말을 건네며 어깨를 빌려줄 것이다.

11_ 나는 말할 때와 침묵할 때, 나타날 때와 사라질 때, 강할 때와 부드러울 때, 그리고 행동할 때와 기다릴 때를 아는 사람이 되고자 노력한다.

12_ 친구 중에 돈내기 게임에 빠져서 도무지 헤어날 줄 모르는 녀석이 있다. 나는 그 친구와 싸우고 결국 그와 완전히 결별하게 되더라도 그가 꼭 도박을 그만두게 만들 것이다.

나의 핵심인물

메리 제인 세퍼드는 그저 평범한 여성이었고, 아주 전형적인 주부였습니다. 그럼에도 불구하고 1992년 12월 18일, 그녀가 세상을 떠나자 산마테오 인근의 모든 상점들은 문을 닫고 애도의 뜻을 전했습니다. 그리고 사회 저명인사의 장례식처럼 그녀의 장례식장에는 그녀의 죽음을 애도하는 인파가 구름같이 모여들었습니다. 이유는 무엇일까요?

그 비밀은 메리가 일하던 부엌에 있었습니다. 그녀는 부엌의 벽을 온통 전깃줄로 장식해 놓고 전깃줄에 수백 개의 옷핀으로 집에서 묵고 간 사람들, 그녀의 부엌 식탁에서 식사를 하고 간 사람들의 이름과 날짜가 적힌 색색의 리본을 달아 놓았습니다. 그녀는 일생 동안 그 리본에 적힌 이름들을 하나하나 불러가며 축복의 기도를 드렸다고 합니다. 그래서 결국 그 식탁에서 함께 했던 모든 사람들은 한 가족과 같은 유대감을 형성하게 되었고, 마침내 커다란 공동체를 이루게 되었던 것입니다.[38]

'250명 효과' 라는 말을 아십니까? 큰일을 치를 때마다 평균 250명의 손님들이 자신을 찾아온다는 뜻입니다. 즉 '250명 효과' 라는 것은 당신을 사랑하고, 큰일을 치룰 때 당신을 도와 줄 수 있는 250명의 친구들을 말하는 것이지요. 그 친구들은 나이나 성별에 아무런 영향을 받지 않습니다.

당신에겐 250명의 협력자가 있습니까? 만약 있다면 그들에게 어떤 방법으로 사랑의 향기를 전해 줄 수 있습니까? 250명이 아닌 단 3명의 협력자가 있어도 당신은 그들에게 주기적으로 사랑의 향기를 전해야 합니다. 마음에서 우러나는 사랑을 말입니다. 당신이 소중하게 생각하는 사람을 당신의 협력자로 만들기 위해서 사랑의 향기를 전해야 합니다. 다음 빈칸에 소중한 사람들의 이름을 적어 보고 사랑의 텔레파시를 보내세요.

Self Talk　　　나에겐 소중한 비전이 있다. 그리고 그 비전은 반드시 현실로 이루어져야 한다. 나의 비전을 이루는 데 필요한 사람들의 협력을 이끌어 내기 위해서는 먼저 그들의 사랑을 받을 수 있어야 한다. 그리고 그러한 자격을 갖추기 위해서는 내가 먼저 그들에게 사랑을 전해야 한다. 나는 메리 제인 세퍼드처럼 다음의 핵심 인물들에게 나의 사랑을 전파할 것이다. 매달 2번 이상 점심을 대접하든지 그 사람을 위해 하루에 한 번 짧게나마 기도를 한다든지, 한달에 한 번 특별한 일이 없어도 조그마한 선물을 한다든지 하는 방법으로 나의 사랑을 보여 줄 것이다.[48]

이름	전화번호	주소	사랑의 향기를 전하는 법
예 1. 김×철	0××-××××	서울시 강남구…	주 1회 차 한 잔
예 2. 박××	0××-××××	부산시 해운대…	특별한 날 작은 선물

내 삶의
프로그램
파일

Part Six

잠자리에 들기 전, 하루를 검토하라.
양심과 성실이라는 점에서 기뻐할 만한 일이었는지를.
불안과 회한처럼 무기력한 것은 아니었는지를.

– 헤르만 헤세

●　　한 사냥꾼이 사납기로 유명한 뱅갈 호랑이를 잡기 위해 맹렬히 사격연습을 했습니다. 그리고 아무리 멀리 있는 놈이라도 정확히 맞출 수 있을 만큼 충분한 실력을 갖추었다고 생각됐을 때 드디어 그는 숲 속으로 들어갔습니다. 그런데 숲 속으로 불과 몇 발자국을 옮기기도 전에 무언가 부스럭하는 소리가 났습니다. 사냥꾼은 엉겁결에 방아쇠를 당겨 보았지만 표적을 맞추지는 못했습니다.

혼비백산한 사냥꾼은 급히 막사로 돌아왔습니다. 그리고는 지금까지 지나치게 장거리 사격에만 몰두하고 단거리 사격, 특히 갑자기 나타나는 표적에 대한 돌발적이고 임기응변적인 사격연습을 등한시했다는 것을 깨달았습니다. 그래서 그 부분을 다시 집중적으로 연습했습니다. 그리고는 이번에야말로 실수 없이 해내고 말겠다는 각오로 다시 숲으로 향했습니다.

사냥꾼은 숲 속 여기저기를 돌아다니다가 드디어 멀리서 부지런히 움직이고 있는 호랑이를 발견하였습니다. 그런데 자세히 살펴보니 호랑이도 작은 폭으로 뛰는 연습을 하고 있었다고 합니다. 지난번에 사냥꾼을 만났을 때 너무 크게 뛰는 바람에 사냥꾼을 후려칠 수가 없었기 때문입니다.

비전여행을 마치고 다시 막사로 돌아온 당신의 꿈 사냥도 이와 마찬가지입니다. 당신은 5, 10년 앞을 바라보는 장기적인 비전과 전략을 가지고 있어야 하며, 동시에 오늘의 한 시간, 하루, 일주일을 성공적으로 관리해 나갈 엄격하면서도 정확한 장치가 있어야 합니다.

6부를 더 재미있고 의미 있게 활용하는 방법

이번 장에서는 그동안의 여행길에서 당신이 보고, 듣고, 느낀 것을 일상생활에서 실천하는 방법들을 정립하게 될 것입니다. 나의 헌법과 하루를 경영하는 프로그램 파일, 자기조직의 날은 비전을 행동으로 전환시킴으로써 먼 앞날을 오늘로 당겨오는 기술의 핵심입니다.

긴 여행의 뒤풀이에 해당하는 이번 과정까지 성공적으로 마무리함으로써 당신도 스콧 애덤스처럼, 풋볼코치 루 홀츠처럼, 그리고 50년 전에 미래 이력서를 작성하여 꿈을 현실로 이룬 이원설처럼 세상을 이끌어 가는 3%의 리더 그룹으로 들어가는 티켓을 거머쥐길 바랍니다.

'나' 공화국의 헌법

　미국의 헌법을 기초한 벤자민 프랭클린은 리더로서 갖추어야 할 성품들을 크게 13개의 덕목*moral virtues*으로 분류하고 그것들을 매일매일 점검하는 것을 습관화했습니다. 벤자민 프랭클린의 13가지 덕목들은 절제, 과묵, 질서, 결단, 검약, 근면, 진실, 정의, 온유, 청결, 평상심, 순결, 겸손이었습니다.

　프랭클린은 이 13가지 덕목을 철저히 습관화하기 위해 매일매일 자신이 이 덕목들을 얼마나 잘 지켰는지 작은 수첩에 표를 만들어 체크하였습니다. 그리고 자신이 지키지 못했다고 판단되는 덕목에 검은 점을 그려 넣었습니다. 그리고 일주일 단위로 보다 집중적으로 지킬 덕목을 정해서 그것을 습관화하려고 노력했습니다. 그것을 1년 동안 계속하다보니, 어느덧 각 덕목들을 적어도 4회씩 집중적으로 실천하고 검토한 셈이 되었습니다.
　시간이 지나면서 검은 점은 점점 줄어들었고, 그것을 확인할 때마다 그는 마치 인품의 검은 점이 줄어드는 것 같은 기쁨을 느낄 수 있었습니다. 물론 처음에는 그도 천성적인 기질을 극복하기가 어려웠습니다. 그러나 이와 같은 훈련을 평생 동안 계속한 결과, 50년이 지난 후 13가지의 덕목은 어느덧 자연스럽게 그의 성품이 되었습니다. 그리고, 그의 13가지 덕목들은 후일 미국 헌법의 기본정신이 되었습니다.[49]

세계적인 자기관리 및 리더십 전문가인 하이럼 스미스 *Hyrum W. Smith*는 프랭클린의 13가지 덕목을 프랭클린의 개인 헌법이라고 말합니다. 그는 사람들에게 프랭클린처럼 "개인 헌법을 쓰라"고 조언하면서 자신도 프랭클린의 방법을 따라 '하이럼 스미스의 개인 헌법'을 만들고 그것을 실천하기 위해 애쓰고 있습니다.

벤자민 프랭클린의 13가지 덕목

1. 절제 *Temperance* — 과음 · 과식을 하지 않는다.
2. 과묵 *Silence* — 불필요한 말을 하지 않는다.
3. 질서 *Order* — 모든 것을 제자리에 두고, 주어진 일을 제때에 한다.
4. 결단 *Resolution* — 할 일은 꼭 하겠다고 결심하고, 반드시 실천한다.
5. 검약 *Frugality* — 다른 이와 나를 위한 것 외에는 돈을 쓰지 않는다.
6. 근면 *Industry* — 시간을 헛되이 보내지 않고, 항상 유익한 일만 하며 불필요한 행동 역시 삼간다.
7. 진실 *Sincerity* — 남을 속이지 않으며 순수하고 정당하게 생각한다.
8. 정의 *Justice* — 다른 사람에게 손해를 입히지 않고 나의 유익함이나 받아야 할 이익도 놓치지 않는다.
9. 온유 *Moderation* — 극단적인 것을 피한다.
10. 청결 *Cleanliness* — 몸 · 의복 · 생활을 깨끗이 한다.

11. 평상심 *Tranquility* – 사소한 일로 마음을 흩뜨리지 않는다.

12. 순결 *chastity* – 건강이나 후손을 두는 목적 이외의 성생활은 절제하며, 자신과 상대방의 인격을 해치지 않는 범위에서만 유지한다.

13. 겸손 *Humility* – 예수와 소크라테스를 본받는다.

농구 전설 존 우든의 7개 조항

농구 코치 존 우든 *John Wooden* 은 살아 있는 전설입니다. 그에겐 아직 그 누구도 깨지 못한 6개의 신기록이 있습니다. 88연속 게임 승리, NCAA 챔피언 10회 등극, NCAA 7년 연속 팸피언, NCAA 토너먼트 38연승, 시즌 통산 무패 기록 4회, PAC 8개 챔피언 석권 등이 그것입니다. 그는 40년 동안의 코치생애에서 총 905승 205패 승률 81.5%를 기록했습니다. 그야말로 꿈도 꾸기 어려운 기록입니다.

우든의 명성은 가히 하늘을 찌르고도 남습니다. 선수로서 혹은 코치로서 미국 농구 명예의 전당에 오른 인물은 숱하게 많았지만 두 번이나 오른 인물은 우든과 레니 윌킨스 *Lenny Wikens* 단 두 사람뿐입니다. 그는 농구를 사랑하는 세계 모든 스포츠 애호가들의 우상이며 동시에 하나님의 말씀을 삶으로 실천하여 꿈을 현실로 이루고자 기도하는 모든 비전 있는 사람들의 인생 코치이기도 합니다.

그는 어떻게 해서 그런 엄청난 성공을 거두고 걸어 다니는 전설이 되었을까요?

그가 초등학교를 졸업했을 때 그의 아버지는 작은 카드 한 장을 선물로 주었습니다. 그 카드의 앞면에는 일곱 가지 신조가 적혀 있었고 뒷면에는 깊은 의미가 담긴 시 한 편이 적혀 있었습니다. 아버지의 선물을 받은 지

80년이 지난 지금도 우든은 그 카드에 적힌 그대로의 사람이 되기 위해 자기와의 치열한 싸움을 계속하고 있으며 그 결과로 지금 '국민의 코치'가 된 것입니다. 그 일곱 가지 신조는

1. 너 자신에게 진실하여라.
2. 매일 너만의 명작(master piece)을 하나씩 만들어라.
3. 남을 도와주어라.
4. 좋은 책을, 특히 성경을 깊이 읽어라.
5. 친구와의 우정을 예술로 승화시켜라.
6. 인생의 궂은 날을 대비해서 너만의 대피소를 만들어 두라.
7. 매일 성령의 인도하심을 간구하며, 네가 받은 축복을 헤아려 보고 감사드려라.

우든은 이 일곱 가지 신조를 지키는 일에 자기의 일생을 투자했습니다. 그는 '무엇을 하겠다, 무엇이 되겠다, 또는 무엇을 가지겠다' 라는 식의 목표를 설정하지는 않았습니다. 다만 자신의 신조가 무엇이든 그것을 지켜나가기로 하나님과 약속을 했을 뿐입니다. 그리고 그 약속을 지키는 데 가장 적합하다고 생각했기 때문에 코치가 된 것입니다.

> 믿음이 그의 행함과 함께 일하고 행함으로 믿음이 온전케 되었느니라.
> (야고보서 2장 22절)

리더십 코치 하이럼 스미스는, 프랭클린이나 우든의 신조들을 개인 헌

법으로 정해서 선포하고 지켜나가면 스스로의 핵심가치관을 정리할 수 있고 일상행동에 대한 가이드라인을 정할 수 있다고 합니다. 물론 시간이 지나면서 세상은 변하고 당신도 성숙하고, 당신의 헌법도 개정되겠지만 기본 정신만은 변하지 않아야 합니다. 프랭클린의 덕목과 우든의 신조를 참고하여 당신도 자신만의 개인 헌법을 제정·공포하시기 바랍니다. 그럼으로써 스스로 슈퍼리더로서의 덕목을 갖춰나가길 바랍니다.

Self Talk 프랭클린의 헌법과 우든의 신조는 개념적인 원칙 중심이었지만 '나' 공화국의 헌법은 구체적인 행동 중심으로 제정할 것이다. 나에게는 단시일 내에 눈에 보이는 변화가 필요하기 때문이다. 행동이 쌓이면 원칙이 되고 원칙이 굳어지면 신념이 된다.

'나' 공화국의 헌법

제1조

제2조

제3조

제4조

제5조

제6조

제7조

제8조

제9조
_____

제10조
_____

*아래의 예를 참조해 보세요

1_ 명상(1) : 하루 300자 이상의 일기를 영어로 쓴다.

2_ 명상(2) : 하루 30분 이상 기공을 한다.

3_ 성경 : 하루에 성경 1장을 영어, 일어, 중국어로 소리 내어 읽는다.

4_ 사명선언 : 하루에 한 번 사명선언문을 종이에 적어 본다.

5_ Do-List : 매일 할 일 목록을 작성하고 두 번 이상 점검한다.

6_ 비전여행(1) : 하루에 5분씩 20년 후의 나의 모습을 마음의 눈으로 본다.

7_ 비전여행(2) : 10년 후의 나의 모습과 비슷한 그림을 신문, 잡지 등에서 찾아
본다.

8_ 자신감 : 하루 한 명 이상의 낯선 사람과 인사를 하고 아는 사이가 된다.

9_ 전략회의 : 매일 잠들기 전 상상 속의 전략회의를 개최한다.

10_ 핵심인물(1) : 하루 3명의 핵심인물과 전화를 하거나 이메일을 보낸다.

11_ 핵심인물(2) : 하루 한 명의 핵심인물에게 우편물을 발송한다.

12_ 토크파워(1) : 하루에 한 번씩 TV, 라디오의 토론 프로를 비평해 본다.

13_ 토크파워(2) : 하루에 3개 이상의 단어를 사전에서 찾아본다.

14_ 토크파워(3) : 하루에 하나 이상의 신문사설을 큰 소리로 읽는다.

15_ 섭생(1) : 아침엔 평민, 점심엔 귀족, 저녁엔 빈민처럼 먹는다.

16_ 섭생(2) : 식탁엔 언제나 꽃을 놓아둔다.

17_ 운동(1) : 매일 3km을 뛰면서 3개 외국어 정복에 대한 의지를 불태운다.

18_ 운동(2) : 매일 윗몸일으키기를 100번씩 하며 100개의 나라를 여행할 의지
를 다진다.

19_ 휴식 : 점심식사 후에는 10분씩 산책을 한다.

20_ 독서 : 하루에 50페이지 이상 책을 읽는다.

비전을 가진 자들은 매일 '오늘' 하루를 최대의 승부처로 삼았다. 하루는 한 주의 기본 요소다. 한 주는 한 달의 기본, 한 달은 1년의⋯⋯ 이런 식으로 따지면 인생은 하루다. 인생의 성패는 오늘에 달려 있다. 나의 헌법이 곧 내 하루의 프로그램 파일이다. 나는 다음과 같은 자기점검표를 사용하여 나 공화국의 헌법을 수호함으로써 나의 진면목을 나 자신에게 보여줄 것이다. 나는 이 점검표를 침대 위에 두고 매일매일 잠들기 전에 기록할 것이다. 일주일 동안의 헌법수호 성적이 평균 40점을 넘으면, 그 주엔 나를 위한 조그마한 선물을 마련할 것이다. 20점을 넘지 못하는 주엔 3km를 뛰며, 새로운 도전의 의지를 다질 것이다.

헌법수호를 위한 자기점검표 작성 예

Do-List	월	화	수	목	금	토	%
자기다짐	○	○	○	×	○	×	67%
비전여행	○	○	○	○	○	○	100%
전략회의	×	○	×	○	○	×	50%
핵심인물	○	×	○	○	○	×	67%
토크파워	×	×	○	○	○	×	50%
섭생	×	×	○	○	○	○	67%
운동	×	○	×	×	○	○	50%
독서	×	○	○	○	○	×	67%
%	50%	62%	75%	75%	100%	38%	총 66%

- 자기다짐 : 나의 헌법을 매일 한 번씩 큰 소리로 읽는다.
- 비전여행 : 5년 후의 나의 모습을 매일 한 컷의 만화로 그려 본다.
- 전략회의 : 잠들기 직전 상상속의 전략회의를 연다.
- 핵심인물 : 매일 세 명의 핵심인물에게 이메일을 보낸다.
- 토크파워 : 신문사설에서 한 구절의 좋은 말을 찾아 노트에 적는다.
- 섭생 : 식사 때는 배를 80%만 채운다.
- 운동 : 하루 30분 이상 달리기를 한다.
- 독서 : 하루 80페이지 이상 시, 소설, 에세이를 읽는다.

헌법수호를 위한 자기점검표

Do-List	월	화	수	목	금	토	%

* 아래의 예를 참조해 보세요

1_ 기도(1) : 하루 300자 이상의 기도문을 영어로 쓴다.

2 _ 기도(2) : 하루 두 번 나만의 장소에서 기도한다.

3_ 성경 : 하루에 성경 1장을 영어, 일어, 중국어로 소리 내어 읽는다.

4_ 사명선언 : 하루에 한 번 사명선언문을 종이에 적어 본다.

5_ Do –List : 매일 할 일 목록을 작성하고 두 번 이상 점검한다.

6_ 비전여행(1) : 하루에 5분씩 주 안에서 환상(20년 후의 나의 모습)을 본다.

7_ 비전여행(2) : 10년 후의 나의 모습과 비슷한 그림을 신문, 잡지 등에서 찾아 본다.

8_ 자신감 : 하루 한 명 이상의 낯선 사람과 인사를 하고 아는 사이가 된다.

9_ 전략회의 : 매일 잠들기 전 상상속의 전략회의를 개최한다.

10_ 핵심인물(1) : 하루 3명의 핵심인물과 전화를 하거나 이메일을 보낸다.

나를 조직하는 날

1920년 경, 한 남자가 미국에서 가장 성공한 사람, 미국을 실질적으로 이끌어가고 있는 5백 명을 선정해서 명단을 만들었습니다. 그 명단에는 코닥 필름의 창업자 이스트만 *George Eastman*, 질레트면도기의 창업자 질레트 *King Gillette*, 발명왕 에디슨 *T. A. Edison*, 제26대 대통령 루스벨트 *Theodore Roosevelt*, 제28대 대통령 윌슨 *Woodrow Wilson*, 식물학자 버뱅크 *Luther Burbank*, 벨 텔레폰의 창업자 벨 *A. G. Bell*, 제너럴 일렉트릭의 반스 *E. C. Barnes* 등의 이름이 포함되어 있었습니다.

그는 명단을 작성한 후, 명단에 있는 사람들의 생활이 보통 사람들과 어떻게 다른지 관찰해 보기로 했습니다. 그리고 그 결과 다음과 같은 사실을 발견해냈습니다. 그들은 하나같이 무엇을 행동으로 옮기기 전에 목표를 설정하고 계획을 세우는 일에 충분한 시간을 할애한다는 것입니다. 그리고 목표를 달성하기 위해 일주일에 두세 시간을 '자기 조직의 시간'으로 지정해 두고 자기만의 시간을 확보하였다는 것입니다.[51]

당신도 자신의 목적지와 로드맵이 기록되어 있는 워크북을 수시로 확인해 봐야 합니다. 그리고 그때마다 비전이 성취되는 모습을 마음속에 새겨야 합니다. 그러기 위해서는 확인하는 시간과 날짜를 정해 놓아야 합니다. 아래에 당신이 '자신의 목표를 확인해 볼 시간과 날짜'를 적어 보기 바랍니다. 자신과의 약속을 꼭 지키겠다는 마음으로 아래의 문장을 완성하십시오.

예수께서 일어나 나가 한적한 곳으로 가사 거기서 기도하시더니(마가복음 1장 35절).

나와의 약속

나는 매월 _____ 마다 _____ 시간씩 _____에서 연필로 기도하는 시간, 자기 조직의 날을 확보해 이 워크북을 재검토하며 보완할 것이다.

_____년 _____월 _____일 _____에서

이름_____

내가 나에게 보내는 편지

뉴욕에 있는 유명한 컨셉트 레스토랑 플래닛 할리우드 *Planet Hollywood*에는 인기스타 브루스 리 *Bruce Lee*가 쓴 편지가 한 장 전시되어 있습니다. 그 편지의 겉봉에는 수취인 이외에는 아무도 열어보지 말라는 뜻의 '인비' 도장이 찍혀 있고, 우체국 접수 소인의 날짜는 1970년 1월 9일이라고 되어 있습니다. 그 편지에는,

"당신은 늦어도 1980년에는 미국에서 가장 유명한 아시아 스타가 될 것이며 천만 달러를 거머쥐게 될 것이다. 그리고 그것을 얻는 대가로 카메라 앞에서는 순간마다 당신이 보여줄 수 있는 모든 것을 보여줄 것이며 그렇게 함으로써 평화와 조화 속에서 살게 될 것이다." 라고 적혀 있었습니다.

이 편지의 수취인은 다름아닌 브루스 리 자신이었습니다.[52]

멀고 힘겨운 기나긴 여행을 마친 것을 축하드립니다. 힘겨웠던 만큼 어려운 결단과 선택을 단행한 열매가 반드시 열릴 것입니다.

여행을 마친 당신의 소감을 간략히 정리하여 브루스 리처럼 당신도 당신에게 한 줄의 편지를 적어 우체국으로 가십시오. 그리고 겉봉에 '인비'라는 표시를 하고 등기우편으로 당신에게 발송하십시오.

Dear _____

_____

_____

_____

_____

_____

_____

_____

_____

_____

_____

_____

_____

_____

_____ 년 _____ 월 _____ 일,

_____

행복으로 이끄는 힘

누군가는 불가능한 일이라고 말했지만
그는 껄껄 웃으며 대답했다
그럴지도 모르지?
하지만 그는 자신이 해 보기 전에는 그렇게 말하지 않는 사람

그래서 그는 일에 착수했다
얼굴에 여전히 희미한 미소를 띤 채
근심이 있다 해도 숨겨 버렸다
다들 못한다던 일에 착수했다

누군가는 코웃음 쳤다
자넨 절대로 못해
적어도 지금까지는 다들 실패했으니
하지만 그가 웃옷과 모자를 벗는 것을 보고
우리는 그가 일을 시작했음을 알았다

의기양양하게 턱을 치켜들고 약간 미소를 띤 얼굴로

일말의 의심도 억지도 없이

그는 노래를 흥얼거리며

다들 못한다던 일에 착수했다

불가능이라 이르는 사람이 수천 명

실패를 예견하는 사람도 수천 명

위험이 앞에 도사리고 있다고

수천 명이 차례차례 경고하겠지

하지만 미소 띤 얼굴로 그냥 시작하는 게지

그냥 웃옷을 벗어 놓고 뛰어들어

노래를 흥얼거리며 일하다 보면

불가능이라던 일도 이루어진다네[53]

무명작가인 베로니카 챔버즈*Veronica Chambers*는 2주에 한 번씩 어떤 영화감독에게 꾸준히 이메일을 보냈습니다. 자신이 쓴 에세이도 보내고, 습작소설의 한 부분도 보내고 또 어떤 때는 자신의 생활 이야기도 써 보냈습니다. 응답을 해야 하는 질문이나 상대방에게 부담을 주는 내용은 보내지 않았지만, 단 한 번도 메일 보내기를 거르지 않았습니다. 그녀는 다만 자신이 누구라는 것과 지금까지 무엇을 해 왔다는 것을 들려 줄 뿐이었습니다. 물론 그녀는 답장이라곤 한 번도 받아보지 못했습니다.

그렇게 2년이 지난 어느 날, 갑자기 그녀의 방에 놓여 있던 전화벨이 요란하게 울려대기 시작했습니다. 그녀의 편지를 끊임없이 받았던 그 감독, 불과 23세에 아카데미 감독상에 노미네이트 된 최연소 최초 흑인 감독인 존 싱글턴이 함께 책을 쓰자고 제안해 온 것입니다. 2년 동안의 꾸준한 이메일 공세가 무명작가를 일약 할리우드의 명사로 만들어 준 것입니다. 이것

은, 장기적인 안목으로 자기 나름의 길을 가는 사람들이 거두는 결실의 좋은 예입니다.[41]

평범한 사람들은 1년이 매우 긴 시간이기 때문에 엄청나게 많은 일을 할 수 있다고 생각합니다. 그래서 여러 가지 목표와 계획을 세웁니다. 그러나 이상하게도 10년 동안에는 극히 소량의 일만 할 수 있다고 생각합니다. 그래서 10년 후를 바라보는 목표와 계획은 세우지 않습니다. 그러나 비범한 업적을 남기는 사람들은 이와는 반대로 행동합니다. 그들은 콜로라도의 강물처럼 목표를 세우고 실행해 나갑니다.

사실, 콜로라도의 강물이 제 아무리 철썩거려 봐도 하루에 깎아낼 수 있는 바위의 크기는 눈에 보이지 않을 정도로 미미합니다. 그러나 오랜 시간 동안 바위를 치는 일을 반복한 결과, 콜로라도의 강물은 현재 깊이 1600m, 길이 350km, 최대 폭 29km의 대협곡, 그랜드 캐니언을 빚어냈습니다. 대작은 그렇게 탄생합니다. 베로니카가 사용한 전략도 바로 그것이었습니다. 지금 일주일 자기 점검표에 올려놓은, 당신의 do-list를 콜로라도 강물처럼 끊임없이, 베로니카처럼 지속적으로 실행하십시오.

잭 캔필드 *Jack Canfield*, 스티븐 코비 *Stephen Covey*, 마야 앙젤루 *Maya Angellu* 같은 당대의 명사들은 한 번 강의에만도 약 2억 원이라는 엄청난 사례금을 받습니다. 그러나 사람들은 그들이 받는 2억 원에만 관심을 집중할 뿐 그들이 그렇게 되기 위해 어떻게 시간을 보냈는지는 알려고 하지 않습니다. 그들이 4만 내지 6만 시간을 투자하여 자신을 훈련했다는 사실은 외면해 버리고 맙니다.

당신도 자기점검표에 적혀 있는 항목들을 실천하는 데 5만 시간을 투자해 보십시오. 그러면 당신은 캔필드, 코비, 앙젤루를 능가하는 업적을 남기게 될 것입니다. 미국 33대 대통령 해리 트루먼은 "나는 스스로를 위대한 인물이라고는 생각하지 않지만, 위대해지고자 노력하는 동안만큼은 위대한 시간을 보냈다"고 말한 바 있습니다. 누구나 마음만 먹으면 위대한 시간을 보낼 수 있습니다.

필자는 소위 외국 유명대학에서 공부하지도 못했고 무슨 고시에 합격해서 우수성을 인정받아본 적도 없는 평범한 사람입니다. 그러나 단 한 가지 특별한 경험이 있습니다. "자기에 관해 기록한 대로" 사는 것과 루 홀츠와 이원설과 부루스 리가 사용했던 방법을 시험 삼아 따라해 본 것입니다. '그들도 해냈는데 나라고 해서 안 될 이유는 없다'는 생각으로 그들이 했던 그대로 따라 해봤더니 되더라는 것입니다. 당신도 필자와 함께 비전의 나라를 여행하면서 위대한 시간을 보내는 법을 터득했을 것입니다. 그렇기 때문에 당신은 끊어질 듯 말 듯 이어지면서 한결같이 철썩이는 콜로라도의 물과 그랜드 캐니언의 웅대한 모습을 남다른 눈으로 바라볼 수 있게 된 것입니다.

어떤 사람이 존경받는 사회 저명인사 12명에게 장난으로 전보를 보낸 적이 있었습니다. 그가 보낸 전보의 내용은 다음과 같습니다.

"빨리 피하라, 모든 것이 밝혀졌다."

그러자 그 12명은 모두 24시간 내에 다른 나라로 달아나고 말았다고 합니다. 모두 뭔가 찔리는 구석이 있었던 모양이지요. 비밀이 탄로 났다고 하자 급히 외국으로 도망치는 사회저명인사들. 당신이 저자와 함께 비전의 나라를 여행하면서 이 워크북에 써 넣은 사명과 비전, 그리고 전략목표와 프로젝트들은 당신으로 하여금 달아날 필요가 없는 진짜 리더로 자라게 할 것입니다.

봉담골 장안대학 연구실에서
강헌구

1) Henriette Anne Klauser, 《Write It Down, Make It Happen》, New York : Fireside, 2000, pp. 17~18

2) Henriette Anne Klauser, Ibid., p. 17

3) Og Mandino, 《University of Success》, New York : Bantam and Books, 1982, pp. 219~225

4) www.texashoustonmission.org

5) 로리 베스 존스, 《기적의 사명선언문》, 송경근 옮김, 한언, 2000, pp. 120~122

6) Patrick Combs, 《Major in Success》, Berkeley : Ten Speed Press, 2000, p. 4

7) www.selfgrowth.com/articles/Johnson 14.html

8) 구약성서 하박국 2장 2절

9) 이안 시모어, 《멘토》, 강현구 옮김, 씨앗을 뿌리는 사람들, 2003, pp. 18~19

10) Peter Lauster, 《성공하기 위한 성격 만들기》, 허지영 옮김, 꿈이 있는 집, 1995, pp. 27~39

11) Salvatore V. Didato, 《The Big Book of Personality Tests》, New York : Black Dog and Leventhal, 2003, pp. 160~162

12) 《아들아~》, 3권, p. 147

13) Renee Baron, 《What Type Am I?》, New York : Penguin Books, 1998, pp. 12~38, 44~47

14) www.claritysuccesscoaching.com/ Actls_CoachesChallenge.html

15) 《아들아~》, 3권, p. 19

16) 이안 시모어, 앞의 책, pp. 32~33

17) 《아들아~》, 1권, p. 73

18) J. F. Rischard, 《High Noon》, New York : Basic Books, 2002, p. 66

19) 《아들아~》, 1권, p. 31

20) 《아들아~》, 1권, p. 18

21) 《아들아~》, 1권, p. 107

22) 《아들아~》, 1권, p. 31

23) 《아들아~》, 1권, p. 29

24) 《아들아~》, 1권, p. 44

25) 《아들아~》, 3권, p. 37

26) 《아들아~》, 3권, p. 19

27) 《아들아~》, 3권, p. 193

28) 《아들아~》, 1권, p. 42
www.mecca.org/~crights/dream.html

30) 《아들아~》, 1권, pp. 77~78

31) Patrick Combs, 《Major in Success》, Berkeley : Ten Speed Press, 2000, p. 3

32) 로리 베스 존스, 《기적의 사명선언문》, 송경근 옮김, 한언, 2000, p. 15

33) Salvatore V. Didato, 《The Big Book of Personality Test》, NY : BD&L, pp. 160~161

34) 안토니아 펠릭스, 《콘돌리자 라이스》,오 영숙 · 정승원 옮김, 일송 - 북, 2003, pp.13~14

35) 《아들아~》, 1권, p.121

36) 《아들아~》, 1권, p.252

37) www.koreabaseball.or.kr/record/

38) 《아들아~》, 1권, p.189

39) 브래드 블랜튼, 《정직의 즐거움》, 강헌 구 옮김, 한언, 2002, pp.221~233

40) www.stewartcruse.com/newsletter/ louholtz.html

41) Salvatore Didato, op. cit. pp.136~137

42) 《아들아~》, 3권, p.144

43) 《아들아~》, 4권, p.177

44) 《아들아~》, 1권, p.66

45) 《아들아~》, 1권, p.80

46) 《아들아~》, 1권, p.83

47) 《아들아~》, 4권, p.8

48) 《아들아~》, 4권, pp.195~197

49) 《아들아~》, 4권, p.131

50) 두호경, 《건강을 위한 지혜와 전략》, 학 일출판사, 2003, p.99

51) 《아들아~》, 4권, p.227

52) 찰스 만즈 · 크리스토퍼 넥, 《바보들은 항상 최선을 다했다고 말한다》, 백기복 감수 · 이은숙 옮김, 한언, 2001, p.270

53) 《아들아~》, 3권, p.188

54) 《아들아~》, 3권, p.150

55) 《아들아~》, 2권, p.55

56) Richard Carlson, 《The Don´t Sweat the Small Stuff Workbook》, New York : Hyperion, 1998, pp.121~122

57) 《아들아~》, 2권, p.33

58) 《아들아~》, 3권, p.43

59) 《아들아~》, 1권, p.238

60) 《아들아~》, 1권, p.152

61) 《아들아~》, 1권, p.161

62) 하이럼 스미스, 《성공하는 시간관리와 인생관리를 위한 10가지 자연법칙》, 김경섭 · 이경재 옮김, 김영사, 1998, pp.92~105

63) 《아들아~》, 1권, p.164

64) 이안 시모어, 앞의 책, pp.75~76

65) Patrick Combs, op.cit., p.137

저 자 소 개

● 강 헌 구

경희대학교를 졸업하고 한남대학교에서 경영학 박사학위를 취득하였다.
1983년 이후 장안대학교의 교수로 재직하고 있으며 1995년에 수원비전스
쿨을 설립하여 청소년들을 위한 비전교육에 힘쓰고 있다. 또한 1998년부터
는 경기방송과 극동방송에서 '21세기 꿈터', '생방송 시사21' 을 진행하면
서 비전의 힘과 역동성을 전파하고 있다. MBC, SBS에서의 TV 특강을 통해
서도 비전에 대한 중요성을 널리 알렸다. 최근에 집필한《아들아, 머뭇거리
기에는 인생이 너무 짧다》1, 2, 3, 4권은 100만부 이상 판매되었고 중국어
로 번역되어 타이완과 중국에서도 판매되고 있다.

한언의 사명선언문

Our Mission

一. 우리는 새로운 지식을 창출, 전파하여 전 인류가 이를 공유케 함으로써 인류문화의 발전과 행복에 이바지한다.

一. 우리는 끊임없이 학습하는 조직으로서 자신과 조직의 발전을 위해 쉼 없이 노력하며, 궁극적으로는 세계적 컨텐츠 그룹을 지향한다.

一. 우리는 정신적, 물질적으로 최고 수준의 복지를 실현하기 위해 노력하며, 명실공히 초일류 사원들의 집합체로서 부끄럼없이 행동한다.

Our Vision   한언은 컨텐츠 기업의 선도적 성공모델이 된다.

저희 한언인들은 위와 같은 사명을 항상 가슴 속에 간직하고
좋은 책을 만들기 위해 최선을 다하고 있습니다.
독자 여러분의 아낌없는 충고와 격려를 부탁드립니다.

- 한언가족 -

HanEon's Mission statement

Our Mission

一. We create and broadcast new knowledge for the advancement and happiness of the whole human race.

一. We do our best to improve ourselves and the organization, with the ultimate goal of striving to be the best content group in the world.

一. We try to realize the highest quality of welfare system in both mental and physical ways and we behave in a manner that reflects our mission as proud members of HanEon Community.

Our Vision   HanEon will be the leading Success Model of the content group.